개헌 이야기

차례
Contents

헌법 개정은 왜 필요한가?

미국에서 총기난사 사건이 흔한 이유

2007년 미국 버지니아 공대에서 한국계 학생 조승희가 총기를 난사하여 32명이 사망하고 자신도 목숨을 끊은 비극적인 사건을 기억하는가? 2012년에는 오클랜드 시내 오이코스 대학 구내에서 40대 한국인 학생 고원일 씨가 총기를 난사해 7명이 숨지는 사건이 발생했다. 이 두 사건은 총을 난사한 사람이 한국인 또는 한국계라 우리가 특별히 기억하는 사건들이지만, 일반적으로 미국에서는 우리나라에 비해 총기난사 사건이 자주 발생하는 편이다. 왜 그럴까? 미국에서는 총기휴대가 비교적 자유롭기 때문이다.

희로애락의 감정을 초월해 살 수 있는 사람은 많지 않다. 살다보면 분노가 폭발하는 때가 있게 마련이다. 그때 옆에 총이 있다면 쏘고 싶은 마음이 들지 않겠는가? 미국에서 총기휴대가 자유로운 까닭은 헌법이 보장하고 있기 때문이다. 미국연방헌법은 '시민의 자유로운 총기휴대권은 보장된다.'고 하여 이를 국민의 기본권으로 규정하고 있다. 법률 차원의 여러 가지 규제가 있긴 하지만 헌법 차원에서 총기휴대를 보장하고 있기 때문에 총기를 소유한 사람들이 많을 수밖에 없다. 총기를 소유한 사람이 많다보니 자격을 갖추지 못한 불법 총기휴대도 생길 수밖에 없다.

　　미국은 왜 헌법에서 총기휴대를 보장하고 있을까? 이는 미국 역사를 알아야 이해할 수 있다. 미국 헌법은 세계 최초의 성문헌법으로 1787년에 만들어졌고 1791년에 기본권 조항이 추가되었다. 영국 식민지였던 동부의 13개 주가 모여 미연방을 구성한 것인데 그때는 아직 서부개척이 완성되기 전이었다. 황금을 찾아 많은 사람들이 서부로 달려가던 때였다. 당연히 군인과 경찰이 부족해 인디언이나 악당들의 공격으로부터 모든 시민을 안전하게 지켜주지 못했다. 따라서 시민들은 총기를 소지해 스스로의 생명과 재산을 지켜야 했고, 총 잘 쏘는 사람을 뽑아 보안관을 시켜야 했다. 이러한 배경에서 시민의 자유로운 총기휴대권이 헌법상의 기본권으로 규정된 것이다. 그런데 200년 전에 만든 규정을, 왜 서부개척이 다 완성되고 국가조직이 완비된 지금까지 고치지 않고 있을까? 헌법개정이 너무 어렵기 때문이다. 미국의 개헌절차는 뒤에서 상세히 살펴볼 것이다. 우리나라도 개헌이 어려운 편이지만 미국은 훨씬 더 까다롭다. 따라서 총기휴대의 제한과 같이 이해관계가 대립되는 사항에 대해서는 정치권에서 개헌을 시도하기가 쉽지 않은 것이다.

한 가지 더 얘기해 보자. 미국은 성문헌법뿐만 아니라 세계 최초로 대통령제를 창안한 나라다. 그런데 미국의 대통령 선거는 우리와는 달리 간선제이며 다음과 같은 단계로 이루어진다. 첫째, 각 정당별로 각 주와 특별구에서 대의원을 선출하고, 이들이 각각 자기 정당의 대통령 후보를 지명한다. 둘째, 일반유권자는 각 주에서 선출하는 연방 상원의원과 하원의원의 동수에 해당하는 선거인단(워싱턴 DC는 3명)을 선출한다(11월 첫 월요일 다음의 화요일). 그런데 메인 주와 네브래스카 주를 제외한 모든 주가 승자독식제(winner takes all)를 채택하고 있어서 다수득표 정당이 그 주에 배분된 선거인단을 모두 확보한다. 셋째, 선거인단 538명(270명 이상 확보해야 당선)이 투표해 최종적으로 대통령을 선출한다(12월 둘째 수요일 다음 월요일). 대부분의 주가 승자독식제를 채택하고 있으므로 유권자 득표에서 지더라도 선거인단을 많이 확보하면 대통령이 될 수 있다. 예컨대 이기는 주에서는 51%로 이기고, 지는 주에서는 10%만 득표한다고 해도 가능한 많은 주에서 이긴다면 전체 유권자 득표에서 지더라도 선거인단은 더 많이 확보할 수 있다. 1876년 러더퍼드 헤이스(공화당), 1888년 벤저민 해리슨(공화당), 2000년 조지 부시(공화당) 등 유권자 득표에서 지고도 대통령에 당선된 세 번의 실제 사례가 있다. 이런 제도가 생긴 것은 18세기 미국 건국 당시에는 '13개 주가 독립국가'라는 관념이 강해 선거인단 선거가 '국가대표'를 뽑는다는 의미였기 때문이다. 지금도 형식적으로는 연방국가로 되어 있어 각 주별로 정부가 있고, 군대나 경찰, 사법제도도 독립되어 있지만 교통과 통신의 발달로 '주(州)가 하나의 국가'라는 관념은 약화되었다. 더구나 정당제도의 발달로 선거인단을 뽑는 단계에서 이미 최종 대통령이 누구인지 알 수 있으며 한 번도 최종 결과가 바뀐 적이 없다. 따라서 유권자 득표율과 선거인단 확보율의 불일치는 모순이며 대중민주주의의 발달로 근대 이전의 간접선거 방식은 불필요하다는 주장이 일고 있다. 그러나 총기휴대권이 헌법상의 기본권이고 이해관계 때문에 쉽게 개헌하지 못하는 것처럼 대통령 간선제를 쉽게 바꾸지 못하는 데는 까다로운 개헌절차가 상당한 걸림돌이 되고 있다.

정치권에서 개헌을 외치는 진짜 이유

대통령 선거를 전후해 정치권에서 늘 제기되는 주장이 바로 개헌이다. 그런데 왜 정치권에서 개헌을 하자는 것일까? 물론 현행 헌법이 오래되어 시대와 동떨어진 규정들이 일부 있긴 하지만 그렇다고 전혀 기능을 하지 못할 만큼 시대에 뒤떨어진 것은 아니다. 200년 넘게 '현행법'으로 군림하는 미국의 헌법, 일체의 군대를 보유할 수 없다는 규정을 가지고 있는 일본 헌법이 현재 쌩쌩하게 살아있음을 고려한다면 정치권의 개헌 주장에는 숨겨진 의도가 있지 않나 하는 의문이 든다.

정치권에서 개헌을 외치는 진짜 이유를 알기 위해서는 개헌을 통해 바꾸자는 내용이 무엇인지 살펴보아야 한다. 최근의 주장에는 대부분 '대통령 4년 연임제'가 화두로 되어 있다. 많지는 않지만 '책임총리제(이원정부제)'나 '순수한 의원내각제' 주장도 있다. 기본권 분야나 헌법상의 기본원리에 대한 개헌 주장은 도무지 찾아보기 어렵다. 그런데 우리 헌법에 '민주주의가 우리 헌법상의 기본원리'라고 선언된 곳이 없다는 사실을 아는가? '법치국가'나 '사회국가'라는 말은 아예 한 번도 나오지 않는다는 사실을 아는가? 이론적으로는 정말 중요한 내용이지만 정치권에서는 관심 밖이다. 신체의 자유에 '누구든지'가 적용되는 점을 제외하면 모든 기본권의 주체가 '국민'으로만 되어 있고 '외국인'에 대한 언급은 없어 해석을 통해서만 인정되는 것이 최근 강조되는 '다문화 사회'의 헌법적 현실이다. 하지만 이런 문제들에 대한 정치권의 논의는 거의 없다. 사실 이러한 문제들은 대통령의 임기가 5년 단임제냐 4년 연임제냐의 문제보다 더욱 중요하다.

대통령 4년 연임제를 주장하는 사람들은 '레임덕(lame duck) 현상을 막고 책임정치를 가능하게 할 수 있다' '국회의원 총선거와 주기를 맞출 수 있다' 등을 그 이유로 든다. 일리가 없는 것은 아니지만 대통령 4년 연임제가 근본적인 해결책은 아니다. 레임덕 현상만 해도 4년 연임제의 두 번째 임기 때는 상황이 똑같다. 더구나 현행 헌법 하에서 역대 대통령 말의 정치상황을 고려해보면 아무도 연임에 성공하기 어려웠을 것으로 생각된다. 반대로 첫 임기 말에 연임을 의식해 무리한 국정수행을 할 가능성이 많다. 물론 모든 것이 가정이지만 이렇게 예상해 볼 수도 있는 것이다. 대통령의 임기가 보장되어 임기 동안 별다른 견제 없이 소신껏 국정을 수행할 수 있다는 것이 대통령제의 장점이라 할 수 있는데, 사실 이 장점은 단점이기도 하다. 부정적으로 평가하면 독재나 독선으로 흐를 가능성도 있는 것이다. 책임정치의 관점에서 본다면 대통령 개인이 아니라 그가 속한 정당이나 집단이 책임져야 할 것이다. 따라서 4년 연임제가 유일한 해결책은 아니다.

유심히 살펴보면 개헌을 주장하는 정치권 인사들은 대부분 차기 집권가능성이 적은 사람들이다. 또 주장하는 권력구조의 개편 내용을 살펴보면 자신이 속한 정치적 세력에 유리한 내용이 많다. 집권가능성과 통치의 편의라는 점에서 그렇다. 개헌을 주장하는 사람들은 대부분 현재 활동 중인 정치인이다. 따라서 실명을 들어 검증하는 것은 생략하고 독자들의 상상에 맡기도록 하겠다. 다만 앞으로 살펴볼 우리나라의 헌법개정사가 결국 정치투쟁사이며 정치적 권력을 잡기 위한 것 또는 권력을 잡은 세력이 세력 유지를 위해 단행한 것임을 생각해보자. 결국 최근 정치권의 개헌 주장도 그러한 정치적 의도를 감춘 정치적 투쟁의 연장선상에서 이해할 수 있다.

헌법은 대개 새 법이 아니라 '헌-법'이다

헌법은 국가의 통치구조와 작용에 관한 기본법이다. 국민주권이 확립된 근대 입헌민주주의 헌법 이후로 헌법에는 국민적 의사가 반영된다. 즉 헌법은 시대정신의 반영이다.

그럼 헌법은 언제 만들어질까? 일반적으로 국가가 성립된 후 헌법을 만든다고 생각한다. 그러나 그렇게 생각하면 짧은 순간이지만 '헌법이 없는 국가'가 존재한다. 헌법 없는 국가가 존재할 수는 없다. 따라서 헌법제정이 곧 국가를 창설하는 것으로 보아야 한다. 둘은 같은 개념이거나 동시적인 상황이라고 이해하자. 이때의 헌법세정이 반드시 성문헌법만을 의미하진 않는다. 모든 국가가 헌법을 가지고 있다고 할 때의 '추상적 의미의 헌법'을 의미한다. 그렇다고 헌법제정이 고대 국가가 만들어진 시기로 계속 거슬러 올라가는 것은 아니다. 국가의 본질(동일성)이 바뀌는 경우, 같은 국가라고 하기 어려우므로 이때 헌법제정이 있다고 본다. 예컨대 조선시대와 일제강점기는 현재와 같은 입헌민주주의라 할 수 없으므로 헌법적으로 대한민국은 그 이전의 조선과 다른 나라이며 1948년 헌법은 '헌법의 제정'에 해당한다.

헌법이 새 법이 아닌 '헌-법'인 이유는 무엇일까? 쉽게 바꾸기 어렵기 때문이다. 모든 법과 제도가 그렇듯 헌법이 완벽한 내용을 가지고 있을 수는 없다. 설사 완벽한 내용으로 만들었다 해도 시대가 바뀌면 사회현상이 변하고 국민의 의식과 틈이

벌어지기 마련이다. 그렇다고 헌법을 자주 바꿀 수는 없다. 너무 자주 바꾸면 또 바뀔 것이라 생각하여 사람들이 헌법을 지키지 않게 된다. 헌법을 개정하지 않으면 시대와 맞지 않게 되고, 또 너무 자주 개정하면 규범력이 떨어진다. 따라서 개헌은 '타이밍'이 중요하다.

헌법제정은 처음 헌법을 만드는 것이고, 헌법개정(개헌)이란 이미 존재하는 헌법을 바꾸는 것이다. 헌법개정은 성문헌법을 전제로 한 개념이며 영국이나 이스라엘처럼 성문헌법이 없는 경우에는 헌법개정의 개념이 성립하기 어렵다. 헌법은 국가의 기본법이므로 국회에서 법률을 만드는 것과 달리 국민투표로 최종 확정되는 경우가 많다. 물론 1960년 헌법까지의 우리나라나 독일의 경우처럼 국회의 의결만으로 개헌하는 나라도 많다. 하지만 이 경우에도 일반 법률보다는 개정절차가 더 까다로운데 이를 '경성헌법(硬性憲法)'이라 한다. 법률과 같은 정도의 개정절차를 가지고 있는 헌법을 '연성헌법(軟性憲法)'이라고 하는데, 영국 같은 불문헌법 국가를 제외하면 1848년 이탈리아 헌법이나 1876년 스페인 헌법 정도만 사례로 들 수 있다. 우리의 현행 헌법도 국회의 가중다수(재적의원 2/3 이상 찬성)와 국민투표로 개정한다. 따라서 헌법은 쉽게 개정하기 어려운데, 특히 요즘같이 사회가 다원화되어 일치된 의견을 도출하기 어려운 시대에는 더욱 그렇다. 현행 헌법이 역대 헌법 중 제일 장수하고 있는 이유 중 하나다. 그래서 헌법은 특성상 '헌-법'일 수밖에 없다.

과거 우리나라에서 헌법은 휴지조각에 불과했다. 적어도 민주화가 되기 전에는 그저 장식에 불과한 존재였다. 헌법에 따라 국정이 운영되지 않았고, 힘을 가진 자가 실상에 맞추어 적당히 헌법을 손질하면 그만이었다. 언제부터 민주화가 되었느냐 묻는다면 딱 부러지게 대답하긴 힘들다. 엄격한 법적 개념이 아니기 때문이다. 그러나 헌법에 위반되는 법률이 효력을 잃게 되고, 정권을 잡기 위해 위력이 아닌 헌법에 정해진 절차에 따라야 한다거나 국가가 국민의 기본권을 부당하게 침해하면 안 된다는 의식을 우리가 자연스럽게 받아들인 때부터라고 말할 수는 있겠다. 우리나라의 민주화는 개헌을 통해서가 아니라 국민의식 수준의 변화로부터 왔다는 사실이 중요하다.

결국 모든 것은 '헌법을 향한 국민의 의지'에 좌우되는 것이지 형식적으로 '훌륭한 헌법전'을 가지고 있다 해서 이루어지는 것은 아니다. 그렇다 해도 시대에 맞추어 적절한 시기에 헌법개정은 이루어져야 한다. 다만 그 적절한 시기가 언제이냐가 문제될 뿐이다. 개헌의 적절한 시기라는 것은 그 사회가 가지고 있는 정치·사회적인 제 조건이 개헌을 필요로 하고, 또 이를 추진할 수 있는 동력과 역량을 갖추고 있을 때를 의미한다. 단순히 정치적 필요에 의해 헌법이 개정되는 것은 아니다. 따라서 개헌 이야기는 상당 부분 개헌과 관련된 '역사 이야기'일 수밖에 없다.

조선시대로 돌아갈 수 있을까?

개헌은 아무 내용으로나 가능한 것일까? 예컨대 현행 헌법을 개정해 조선왕조를 부활시키고 왕이 통치하는 나라로 만들수 있을까? 그렇게는 불가능하다. 만약 전체 국민이 원해 군주국가로 되돌아간다면 그것은 헌법의 개정이 아니라 새로운 헌법의 제정이 된다. 개헌이냐 새 헌법의 제정이냐의 구별 기준은 '동일성과 계속성'이다. 우리가 반만년의 유구한 역사를 자부하지만 그것은 역사적 의미일 뿐, 헌법적인 의미에서 조선이나 고려는 지금의 대한민국과 다른 나라다.

사실 헌법은 제정할 때부터 일정한 한계가 있다. 우리 헌법 제3조는 '대한민국의 영토는 한반도와 그 부속도서로 한다.'고 하였는데 이는 제헌헌법 때 규정된 것이다. 지리학적으로 보면 한반도는 압록강과 두만강의 이남이므로 당연히 북한을 포함하는 개념이다. 하지만 북한에는 우리 헌법의 규범력이 사실상 미치지 못하므로 헌법제정 당시 이미 헌법의 한계를 넘은 것이다. 헌법 초안을 작성한 유진오(1906~1987)의 말에 의하면 헌법이 남한에서만 시행되는 것이 아니고 우리나라 고유 영토 전체에 시행되는 것을 명시한 것이라 한다(유진오, 『신고헌법해의』, 50쪽, 1954). 그러나 그런 식이라면 만주도 우리의 땅이었고 대마도도 우리의 지배를 받은 적이 있지 않은가? 희망사항이나 목표는 법으로 정할 것이 아니라 강령(綱領)으로 정해야 한다. 북한 헌법도 처음에는 수도를 서울로 정해 동일한 문제를 지니고 있었으나 개정되면서 평양으로 바뀌었다. 그러나 현행 북한 헌법 제9조는 '조선민주주의 인민공화국은 북반부에서 인민정권을 강화하고……조국통일을 실현하기 위하여 투쟁한다.'라고 하여 남한을 '회복해야 할 자신들의 땅'으로 표현하고 있다. 우리 헌법 제4조도 '대한민국은 통일을 지향하며 자유민주적 기본질서에 입각한 평화적 통일 정책을 수립하고 이를 추진한다.'고 하여 같은 취지의 규정을 가지고 있다. 제3조에 따르면 북한도 우리 땅인데 또 무슨 통일을 한다는 말인가? 논리의 모순이다.

그렇다면 헌법제정의 한계를 넘는 내용으로 개헌을 할 수 있을까? 논리적으로 당연히 불가능하다. 또 헌법의 계속성과 동일성을 깨는 내용으로 개헌하는 것도 불가능하다. 계속성을 깬다는 것은 기존 헌법상의 정상적인 개헌절차를 따라 개정하지 않은 경우다. 그런데 우리 헌법사에는 불행하게도 이러한 사례가 너무 많다. 사실 대부분의 개헌이 여기 해당된다고 볼 수 있다. 자세한 내용은 뒤에서 살펴보기로 한다.

동일성을 깬다는 것은 매우 중요한 내용이라 개정되면 같은 헌법이라 보기 어려운 경우를 말한다. 예컨대 우리 헌법은 자유민주주의에 입각해 있는데 자유민주주의를 부정하는 헌법으로 개정된다면 같은 헌법으로 볼 수 없다는 것이다. 그밖에 권력분립을 비롯한 법치국가 원리, 사회적 위험으로부터 국민을 보호하는 사회국가 원리, 인간의 존엄성을 비롯한 국민의 기본권 보장, '대한민국'이라는 국가의 이름 등을 예로 들 수 있다. 학자에 따라서는 의회주의, 국제평화주의, 복수정당제도,

사유재산제도, 지방자치제도 등을 더 들기도 한다. 반면 대통령 임기를 5년 단임제에서 4년 연임제로 바꾸거나 대통령제를 의원내각제로 바꾸는 경우는 근본적으로 다른 헌법, 다른 국가로 보지 않는다.

그런데 개헌의 한계를 헌법 자체가 규정하고 있는 경우도 있다. 예컨대 독일 기본법(헌법) 제79조 제3항은 '……제1조와 제20조에 규정된 원칙들에 저촉되는 기본법 개정은 허용되지 않는다.'고 하였다. 제1조는 인간의 존엄성, 제20조는 국민주권 등과 민주적·사회적·연방국가라고 하는 조항이다. 이는 내용상의 개헌금지 조항이다. 그밖에 1958년 프랑스 헌법이나 1948년 이탈리아 헌법에는 국가형태에 대한 개정금지 조항이 있다. 또 시기상의 제약이 있는데 이는 공정한 헌법개정이 곤란하기 때문이다. 예컨대 1931년 작센 헌법은 비상사태 하에서, 1946년 프랑스 헌법은 외국군대 점령 하에서 개헌을 금지하고 있다. 한편 법률로 헌법의 내용을 바꾸는 등 우회적 개정을 금지하는 독일은 방법상 제약의 사례다.

우리나라의 경우 현행 헌법의 사례는 없으나 과거 제2차 개헌 시 민주공화국규정(§1), 국민주권주의(§2), 영토변경·주권제약에 대한 국민투표(§7-2) 등에 대한 개헌금지 조항(§98⑥)이 있었다. 한편 현행 헌법 제128조 제2항 '대통령의 임기연장 또는 중임변경을 위한 헌법개정은 그 헌법개정 제안 당시의 대통령에 대하여는 효력이 없다.'는 규정에 대해서는 개헌을 금지한 것이 아니라 효력을 제한하는 규정일 뿐이라 한다. 이는 장기집권을 막고자 1980년 헌법에 명문화한 것이다. 하지만 이 조문 자체가 폐지 또는 개정되었을 경우 이미 사라진 조항, 즉 효력을 상실한 조항 때문에 헌법개정 제안 당시의 대통령은 출마할 수 없다고 해석할 수는 없다. 조문이 남아있다 해도 전면개정을 하는 경우 새로운 헌법이 발효되면서 기존의 헌법은 사라지는 것이다. 따라서 헌법개정안 제안 당시의 사실관계, 즉 새로운 헌법 발효 이전의 과거를 규율하는 것도 특별규정이 없다면 불가능하다. 따라서 이는 '현직 대통령의 임기연장 또는 중임변경을 위한 헌법개정은 금지된다.'고 해석해야 한다. 이렇게 본다면 실정헌법상의 한계라고 하겠다.

개헌의 한계를 뛰어넘은 헌법은 어떻게 될까? 법적·논리적으로는 무효다. 그럼에도 관철되는 경우 일종의 혁명행위로 보아야 한다. 따라서 이는 개헌의 한계 문제가 아니라 헌법보장(수호) 내지 저항권의 문제로 넘어간다. 획일적으로 평가할 수는 없지만 우리 헌법사에는 이러한 사례가 너무 많이 존재한다. 이론적인 설명은 법철학의 테마가 될 수 있으므로 너무 깊은 이야기는 전문서적에 맡기기로 한다. 다만 우리 헌법사에서 제3·4·5공화국 헌법(1962, 1972, 1980년 헌법)은 기존 헌법과의 계속성이 단절되기 때문에 '신(新)헌법의 제정'이라 보는 경우가 많지만, 이는 개헌의 위헌성을 정당화시켜 줄 우려가 있다. 따라서 이를 '헌법개정'으로 보되 비정상적인(위헌적인) 절차에 의한 개정이었다고 이해하는 것이 좋겠다.

헌법은 어떤 절차로 개정하나?

외국의 헌법개정 절차

헌법을 개정하는 방법과 절차는 일반 법률의 경우와 다르다. 일반 법률의 경우 '국회 재적의원 과반수의 출석과 출석의원 과반수의 찬성'으로 의결하는 데 비해 일반적으로 개헌은 2/3 이상의 찬성이 필요하다. 실제 각 나라별로 절차가 매우 다양하며 우리나라 역대 헌법도 다양한 형태의 개헌절차를 가지고 있었다. 그중 가장 중요한 구별 기준은 '개헌절차에 국민투표가 포함되느냐'이다. 연방국가인 경우 각 지방(支邦, 州)의 참여절차가 마련돼 있다. 이 부분은 조금 전문성이 있으므로 지루하게 느껴진다면 다음 장인 '외국의 헌법개정 사례'로 건너뛰어도 좋겠다.

헌법개정의 방법은 부분개정, 즉 실정헌법의 일부 내용을 개정하는 것이 보통이다. 실질적 헌법 중 실정헌법 이외의 형식으로 존재하는 것은 각각의 개정절차에 의해 개정된다. 물론 오스트리아 헌법 제44조 제1항처럼 법률의 형태로 존재하는 실질적 헌법의 개정은 성문헌법전의 개정과 같은 가중절차를 요하는 사례도 있다. 또 전문(全文)을 개정하는 전면개정의 방식도 있다. 우리나라의 경우 1962·1972·1980·1987년의 개헌은 전면개정이었고, 나머지는 부분개정이었다. 전면개정 중에서 이전의 헌법과 전혀 다른 모습을 갖게 되는 경우를 '헌법개혁(Total revision)'이라 부르기도 한다. 미국의 경우 내용을 변경하는 것이 아니라 덧붙이는 방식(증보)을 취하고 있는데, 이는 연방헌법이 만들어질 당시에는 기본권 조항이 없다가 인준과 더불어 추가하면서 생긴 방식이다. 이러한 분류에서 개정되는 분량과 법적 효력의 차이는 비례하지 않는다. 예컨대 부분개정의 방식을 취하는 독일이 2012년까지 60회를 개정한 데 비해 우리나라는 9회의 개정 중 4번의 전면개정을 했다. 이런 경우 두 나라를 비교해 어느 쪽이 더 많이 개정되었다고 단언할 수 없다.

한편 개헌의 '방식'과 '절차'라는 용어가 혼용되기도 하는데, 이를 구분한다면 '방식'은 헌법개정의 결과를, '절차'는 헌법개정의 과정을 의미한다. 그럼 개헌의 절차에 대해 알아보자. 독일·스웨덴·헝가리·호주 등 대다수의 국가와 우리나라는 1962년 이전의 개헌절차가 취하는 방식인 의회의 가중다수의결로 헌법을 개정한다. 이들 사례에서는 대개 재적의원 2/3 이상의 찬성으로 의결한다. 노르웨이·네덜란드·벨기에 등은 헌법개정 안이 성립되면 의회가 해산된 후 총선거를 통해 새로 구성된 의회에서 의결하도록 하고 있다. 이를 헌법의회에서 의결하는 또 다른 유형으로 분류할 수 있다.

한편 현재 우리나라는 의회의 의결을 거친 후 국민투표에 부치는 유형에 속한다. 프랑스·이탈리아·오스트리아 등은 예 외적인 경우에 국민투표를 거치게 되어 있다. 1972년 우리나 라 헌법에서는 의회의 의결을 거치지 않고 국민투표를 통해서 만 헌법을 개정할 수 있었다. 즉, 대통령이 발의한 개헌안은 국 민투표로, 국회의원이 발의한 개헌안은 통일주체국민회의의 의 결을 거쳐 확정되었다(1972년 헌법 §124②). 연방국가의 경우 연 방제의 특성상 지방(支邦, 州) 또는 지방 대표기관의 동의를 거 치게 한다. 예컨대 독일은 연방참사원(지방의 대표로 구성되는 상원) 2/3 이상의 동의를 거치게 하고, 스위스는 과반수의 지방에서 과반수 주민의 동의를 얻도록 한다. 미국도 모든 주의회(또는 주 헌법의회) 3/4 이상의 동의를 얻도록 하고 있다.

앞서 미국의 사례를 얘기했으므로 미국의 개헌절차에 대해 구체적으로 살펴보자. 미국의 개헌절차는 '발안'과 '인준'의 두 단계로 이루어진다(미국연방헌법 §5). 발안(發案, Application)은 하 원발안의 경우 양원합동회의에서 과반수 출석과 출석의원 2/3 이상의 찬성으로 의결하고, 주가 발안하는 경우 2/3 이상이 헌 법의회를 소집하도록 하고 있다. 인준(認准, Ratification)은 3/4 이상의 주의회 찬성으로 이루어진다. 다만 하원발안의 경우는 주(州)가 헌법의회에서 다루도록 요구할 수 있다. 이렇게 두 단계로 이루어지다 보니 시간이 많이 걸릴 수밖에 없고, 개헌이 추진되는 동안 정치적 상황이 변하거나 국민적 합의가 바뀔 수 있기 때문에 쉽게 개헌을 추진하기 어려운 것이다.

물론 개헌이 실현된 경우도 많지만 총기휴대권의 경우 금지하자는 의견과 이를 찬성하는 의견이 대립해 쉽게 추진하기 어렵다고 한다. 특히 마피아나 총기제작업자 등이 총기휴대금지를 극렬히 반대한다고 알려져 있다. 참고로 가장 최근에 개정된 수정 제27조는 1992년 5월 12일 비준되었는데, 이 조항은 1789년에 발의된 것으로 비준되기까지 무려 103년이 걸렸다. 그 내용은 '상하원의 세비(歲費, 급여) 변경에 관한 법률은 다음 하원선거 때까지 효력이 발생되지 않는다.'이다. 이렇게 오래 걸린 이유는 합의가 어려워서가 아니라 별로 중요하지 않은 내용이기 때문일 가능성이 크다.

우리나라 역대 헌법개정 절차와 시대 구분

각국의 역사적 배경이 다르기 때문에 각각의 개헌절차에는 나름의 우여곡절이 있었다고 보면 된다. 그런데 국민이 직접 결정하면 훌륭한 헌법을 만들 수 있을까? 국민이 직접 헌법을 결정한다는 것은 국민투표를 거친다는 말인데 상당수의 나라가 국민투표를 개헌절차로 채택하지 않은 이유는 무엇일까?

현행 헌법의 개헌절차는 지난 1980년 헌법과 같다. 먼저 대통령 또는 국회의원 재적 과반수의 찬성으로 발의된다(§128①). 이를 대통령이 20일 이상 공고한다(§129). 1972년 헌법 이전에는 30일 이상 공고하였다. 공고 후 60일 이내에 국회에서 재적의원 2/3 이상의 찬성으로 의결된다(§130①). 국회의결 후 30일 이내(§130②)에 국민투표가 실시된다. 국회의원 선거권자 과반수의 투표와 투표자 과반수의 찬성으로 확정된다. 국민투표는 1962년 헌법에서 처음 도입했다. 역사적 배경은 뒤에 다시 살펴보겠지만, 전면개정의 경우 국민은 전체에 대하여 가부(可否) 의사만을 표시할 수 있을 뿐이다. 따라서 변경되는 조문별로, 또는 관련 조문을 묶어 국민투표에 부치거나 다수 외국의 사례처럼 국민투표를 아예 없애는 것이 바람직하다 생각된다. 실제 국민투표로 개정된 역대 헌법의 경우 대부분 90% 이상의 찬성률을 보였지만 국민들이 그 헌법에 만족한 적은 없었다. 이는 국민투표가 실제 국민의 의사를 정확히 반영하지 못한다는 사실을 말해준다. 우리 개헌절차에 국민투표가 도입된 이후 박정희의 3선 개헌인 제6차 개헌을 제외하고는 모두 전면개정이었다. 형식적으로 이전 헌법을 전면 폐지하고 새로 만드는 형태다. 실제로 개헌 이후의 정부들은 이전의 정부와는 전혀 다른 새로운 정부임을 강조하기도 했다. 따라서 국민투표 도입 이전 시기에 비해 개헌 즈음에 더 극단적인 대립과 양극화 현상이 나타나고 있다 할 수 있다. 여기서는 우리 헌법개정사를 국민투표 이전과 이후로 나누어 보고자 한다.

역대 헌법	발의	의결
1948년 헌법 §98	대통령 국회재적의원 1/3	국회재적의원 2/3
1952년 헌법 §98	대통령 민의원·참의원 1/3	양원 각각 2/3
1954년 헌법 §98	대통령 민의원·참의원 1/3 민의원 선거권자 50만	양원 각각 2/3
1962년 헌법 §119~§121	국회재적의원 1/3 국회의원 선거권자 50만	국회재적의원 2/3⇒ 국민투표(유효투표 1/2)
1972년 헌법 §41, §124~§126	대통령	국민투표(유효투표 1/2)
	국회재적의원 1/2	국회재적의원 2/3⇒ 통일주체국민회의 재적 1/2
1980년 헌법 §129~§131	대통령 국회재적의원 1/2	국회재적의원 2/3⇒ 국민투표(유효투표 1/2)
현행 헌법 §128~§130	상동	상동

역대 헌법의 개정 절차

국민투표에서 통과되면 대통령이 즉시 공포한다(§130③). 유진오는 여기서 '즉시'는 거부권이 없음을 의미한다고 설명한다(유진오, 『신고헌법해의』, 288쪽, 1954). 효력발생 시기는 공포 시 발생설과 법률처럼 20일 경과설이 있다. 보통 부칙에 명시하므로 실제 문제된 적은 없으며 대개 공포일로부터 효력을 발생한 것이 대부분이다. 다만 두 번의 예외가 있었는데 5·16군사정변으로 헌정이 중단된 후 개헌이 되어 공포된 때는 1962년 12월 26일이지만 실제 효력이 발생한 것은 1963년 12월 17일이었다. 당시 헌법 부칙은 '이 헌법은 이 헌법에 의한 국회가 처음 집회한 날로부터 시행한다.'고 하였으나 민정이양에 부담을 느낀 박정희가 정치 일정을 늦추는 바람에 1년여가 지난 후에야 발효될 수 있었다. 또 한 번의 예외는 현행 헌법인데, 현행 헌법은

1987년 10월 29일 공포되었으나 1988년 2월 25일 발효한다고 규정했다(현행 헌법 부칙 §1). 이는 당시 전두환 대통령의 임기를 보장해주기 위한 배려였다.

다음으로 우리나라 헌법사의 시대 구분에 많이 쓰이는 공화국 구분에 대해 알아보자. 공화국의 구분은 프랑스에서 유래한다. 프랑스 제1공화국은 1792년 국민공회가 선포했다. 이후 나폴레옹의 집권에 따라 제1제정(1804~1814)이 되고, 그가 물러난 후 왕정복고가 이루어진다. 그 후 루이 필립의 후계문제로 1848년 2월 혁명이 일어나 왕정이 무너지고 루이 나폴레옹이 대통령이 되면서 제2공화국(1848~1852)이 된다. 루이 나폴레옹의 친위쿠데타로 제2제정(1852~1870)이 되고, 그 후 제3공화국(1871~1940)을 거쳐 제2차 세계대전 중 비시(Vichy) 정권(1940~1945)이 성립하였고 제4공화국(1946~1958)을 거쳐 알제리 반란을 계기로 드골의 재집권에 따라 제5공화국(1958년 이후)이 성립하였다. 이렇게 중간 중간 이질적 시대가 존재하므로 제1공화국, 제2공화국 등으로 부르게 되었다. 이질적 요소를 갖고 있지 않은 미국이나 독일 같은 경우에는 공화국에 숫자를 붙이지 않는다.

우리나라는 4·19혁명 이후 제2공화국이라 부르기 시작했다. 일반적으로 헌법제정부터 4·19혁명으로 이승만 정권이 무너질 때까지를 제1공화국, 5·16군사정변으로 민주당 정부가 무너질 때까지를 제2공화국, 5·16군사정변부터 1972년 헌법제정까지를 제3공화국, 1972년 헌법(이른바 유신헌법) 시대를 제4공화국, 박정희 대통령이 죽고 1980년 개헌을 통해 성립된 전두환 정부를 제5공화국, 현행 헌법 시대를 제6공화국이라 한다. 다만 현행 헌법 초기에는 제6공화국이라 불렸으나 노태우, 김영삼, 김대중, 노무현, 이명박 정부를 거치면서 동일하게 취급되기 싫어 김영삼 정부부터 문민정부, 국민의 정부, 참여정부, 실용정부라고 부르는데 이는 각각의 정부가 불리기를 원하는 명칭일 뿐이다.

우리의 경우 각 공화국을 구분하는 동일한 기준이 있는지 찾아보자. 개헌을 기준으로 하면 제1공화국 때 2번, 제3공화국 때 2번의 개헌이 있었다. 대통령을 기준으로 하면 제3, 제4공화국의 경우 박정희 한 사람이지만, 현행 헌법은 지금까지 무려 5명이나 된다. 따라서 어떤 공통된 기준을 제시하기 어렵다. 뚜렷한 분류기준이 없다면 이는 법적 개념일 수 없고 편의상 부르는 것일 뿐이다. 나중에 역사학자들에 의해 시대가 새로 구분될 것이다. 가급적 이러한 표현을 피하겠지만 관행적으로 쓰는 곳에서는 그냥 사용하기로 한다.

앞으로 헌법개정은 가능할까?

앞에서 정치권의 개헌주장은 대개 정치적 이해관계의 발로라는 것을 지적한 바 있다. 그런 정치적 개헌주장과는 상관없이 어쨌든 현행 헌법은 역대 헌법 중 최장수 헌법이다. 그러므로 현재의 변화된 시대상황을 제대로 담고 있는지 의문이다.

개정	별칭	시행일	유효기간	비고
제헌	제헌(건국)헌법	1948.7.17	4년	--
제1차	발췌개헌	1952.7.7	2년 4월	부분개정
제2차	사사오입 개헌	1954.11.29	5년 7월	부분개정
제3차	의원내각제 개헌	1960.6.15	5월	부분개정
제4차	부칙만의 개헌	1960.11.29	3년 1월	부분개정
제5차	제3공화국 헌법	1963.12.17	5년 10월	전면개정
제6차	3선 개헌	1969.10.21	3년 2월	부분개정
제7차	유신헌법	1972.12.27	7년 10월	전면개정
제8차	제5공화국 헌법	1980.10.27	7년	전면개정
제9차	현행 헌법	1987.10.29	25년	2012년 현재

역대 헌법의 유효 기간

위의 표를 보자. 표에서 일(日)은 계산하지 않았다. 또 부분개정의 경우 이전 헌법이 아주 사라지는 것이 아니라 개정된 내용만 바뀌는 것이므로 이 점을 유의해야 한다. 예컨대 제헌헌법은 제5차 개헌으로 전면 교체될 때까지 효력을 가지므로 15년 5월이 유효기간이라 할 수 있다. 그래도 현행 헌법이 최장수 헌법이다. 그 이유는 무엇일까? 가장 민주적이고 훌륭한 헌법이어서 그럴까? 물론 그런 부분도 있다. 하지만 현행 헌법도 많은 허점을 지니고 있고, 특히 시대 변화에 따라 현실과 틈새가 벌어진 부분도 많다. 예컨대 현행 헌법에 헌법재판소는 3개의 조문, 지방자치는 2개의 조문밖에 없다. 현실적인 비중에 비해 이

둘 모두 턱없이 간단한 내용만 다루고 있다. 이유는 한 가지다. 현행 헌법이 실시될 때 헌법재판과 지방자치가 시행되지 않았거나 어떻게 시행될지 몰랐기 때문이다. 헌법재판소는 1972년 헌법과 1980년 헌법의 헌법위원회와 유사하나 헌법위원회 시절에는 한 건의 위헌법률심사도 이루어지지 않았다는 점을 감안하면 현행 헌법재판소는 엄청난 일을 하고 있는 것이다. 따라서 당연히 더 자세한 규율이 필요하다. 그러나 당시에는 아무도 예측하지 못했다. (자세한 내용은 〈오호택, 살림지식총서238『헌법재판 이야기』, 2006〉를 참조하기 바란다.) 지방자치도 5·16군사정변으로 중단된 채 현행 헌법개정까지 왔으므로 헌법에 자세한 규정을 둘 이유가 없었다. 법령(법률과 명령)의 경우 현실에 많이 적용되는 것은 자주 개정되는 것이 일반적이다.

그렇지만 현실적으로 개헌이 쉽게 이루어질 지는 의문이다. 현행 헌법 하에서도 수많은 개헌주장과 시도가 있었다. 하지만 한 번도 실제 개헌이 이루어지지 않은 것은 개헌절차와 관련이 있다. 개헌절차에서는 두 단계를 살펴보아야 하는데 국회의결과 국민투표다. 국민투표의 유효성에 대해서는 개헌절차에 처음 도입된 1962년 헌법에서 살펴보기로 한다. 여기서 생각해 볼 것은 국회에서 재적의원 2/3 이상의 찬성을 얻어야 하는 절차다(현행 헌법 §130① 후단). 2/3라는 가중된 의결정족수는 1/3만 반대하면 다수의 전횡을 막을 수 있게 하므로 민주주의 원리에서 소수보호에 해당하는 중요한 규정이다. 그러나 최근의 여야 관계를 생각하면 2/3 이상의 찬성을 얻기는 쉽지 않아 보인다. 모든 일에는 음과 양이 있어서 헌법개정 시 권력구조가 변하게 되면 더 유리한 사람과 불리한 사람이 생기기 마련이고, 자신에게 불리하다고 생각하는 사람은 개헌을 결사반대할 것이기 때문이다. 상임위원장 배분에 대해 합의가 이루어지지 않아 국회의원 총선거를 치르고도 국회가 개원을 바로 하지 못하는 현상이 매번 반복되는 최근 국회의 사정을 볼 때 쉽게 개헌에 합의하긴 어려울 것이다. 말이 나와 덧붙이자면 국회법에 없는 '여야 합의의 빛나는 전통'은 잘 될 때의 이야기일 뿐이다. 합의가 쉽지 않은 요즘은 그냥 다수결로 결정하고 결과적으로 여당이 모든 상임위원장을 독식한 다음, 선거에서 국민의 심판을 받는 것이 국민의 선택권을 확실히 한다는 점에서 오히려 민주주의 원칙에 더 부합하는 게 아닌가 하는 생각까지 든다.

그러면 이전에 이루어진 열 번의 헌법개정(한번은 제헌)은 어떻게 가능했을까? 열 번 모두 정상적인 상황이라 보기 어려운 사회적 배경에서 개헌이 되었다. 그나마 국회에서 여야 합의안으로 개헌안을 발의해 비교적 평화롭게 개헌한 것은 현행 헌법이 유일하다. 자세한 것은 뒤에서 우리 헌법사를 살펴볼 때 설명하기로 한다.

외국의 헌법개정 사례

헌법전이 없는 영국, 그러나 마그나 카르타

근대 민주주의는 유럽, 그중에서도 영국에서 먼저 발전하였다. 영국은 성문헌법을 만들지는 않았지만, 17세기에 그 이전 귀족들에게만 보장되던 기본권들이 일반 국민에게 확대·적용되면서 입헌주의와 민주주의가 확립되었다. 그 뿌리가 되는 '마그나 카르타(대헌장, Magna Carta)'에 대해 알아보자.

영국의 중세는 '정복왕 윌리엄(윌리엄 1세, 1028~1087)'으로 알려진 노르망디의 공작 윌리엄이 1066년 잉글랜드를 정복하면서 시작되었다. 그는 공이 큰 기사들에게 프랑스 왕이 하는 것처럼 봉토를 하사하였고, 이들 사이에 주군-봉신 관계가 형성되면서 봉건제도가 시행되었다. 몇 차례 왕위가 계승된 끝에 사자왕 리처드 1세(1157~1199)가 왕이 되었으나, 그가 죽자 그의 동생 존(John Lackland, 1167~1216, 재위 1199~1216)이 즉위했다. 그런데 정복왕 윌리엄은 프랑스 노르망디의 영주였으므로 이후의 영국 왕은 동시에 프랑스의 봉건영주이기도 했다.

그런데 존 왕 시기에 프랑스 왕 필리프 2세가 존 왕에게 프랑스 봉건영주로서 의무를 다하지 않는다며 프랑스 내의 영지를 몰수하였다. 이에 존 왕이 전쟁을 일으켰으나 패배하였다. 게다가 켄터베리 대주교의 선출문제로 교황과 다투다 교황으로부터 파문을 당하고, 1213년 영토를 바치고 공물을 보내는 대가로 파문에서 해제되는 치욕을 겪기도 했다. 또 1214년 프랑스 영지를 되찾기 위해 유럽 각국을 끌어들인 전쟁에서 또다시 패하고 말았다. 이에 귀족들의 불만이 폭발하였고, 헨리 2세가 도입한 부역면제세의 폐지를 주장했으나 존 왕은 이를 거절하였다. 이에 귀족들이 반란을 일으켜 런던을 장악한 후, 템스 강 옆 러니미드(Runnymede)의 초원으로 왕을 불러내 자신들의 요구사항을 적은 문서를 제시하였는데, 이것이 '마그나 카르타(1215)'이다. 존 왕은 이후 이 문서의 효력을 부인해 내전을 겪게 되었으나 존 왕이 병사하고 그의 아들 헨리 3세(1207~1272, 재위 1216~1272)가 즉위하면서 마그나 카르타의 효력을 인정해 내전이 마무리되었다. 마그나 카르타는 전문과 총 63개 조항으로 구성되어 있는데 대부분 왕과의 관계에서 귀족들의 권리를 명시한 것이다. 마그나 카르타는 헌법은 아니지만 세계 헌법사에서 최초로 왕의 권력을 제한하는 내용을 문서화한 것이기 때문에 중요한 의미를 가진다. 특히 후세에 중요한 의미를 갖는 것은 제12조와 제39조이다. 제12조는 '왕국에서는 왕국의 일반평의회(귀족들의 자문)에 의하지 아니하고는 모든 부역면제세 또는 상납금을 부과하지 않는다. 왕의 몸값과 장남을 기사로 하는 경우, 장녀의 출가 시에는 예외로 부과할 수 있다. 런던시의 상납금도 마찬가지다.'라고 하였다. 또 제39조는 '모든 자유민은……동등한 자격을 갖는 사람들의 법률적 판단이나 국법에 의하지 않고는……구속되거나 재산의 몰수를 당하지 않는다.'라고 하였다. 이는 권리청원(1628)과 인신보호령(1679)에 그대로 인용되었으며 조세법률주의(우리 헌법 §59)와 죄형법정주의(우리 헌법 §12, §13)로 현대 헌법에 살아있다. 이후 17세기에 와서 이러한 권리가 귀족뿐만 아니라 평민에게도 확대·적용됨으로써 마그나 카르타는 근대 헌법으로서의 성격을 갖게 된 것이다. 그런데 왜 이름이 마그나 카르타(대헌장)인가? 존 왕의 어린 아들 헨리 3세의 고문관들은 1216년과 1217년에 헌장을 개정하고 1215년의 정치적 상황과 관련이 있는 내용은 전부 빼버렸는데, 삼림과 관련된 내용은 1217년 별도의 삼림헌장으로 빠져나가면서 마그나 카르타로 불리게 된 것이다.

영국은 이후에도 명예혁명에서 권리장전(1688)을 채택하였고 의회제도와 의원내각제, 사법제도를 선구적으로 확립하고 참정권을 순차적으로 확대하는 등 민주주의를 발전시켜 왔으며 미국과 프랑스를 비롯한 유럽, 나아가 전 세계에 헌법제도와 기본권 보장을 전파하는 선구적 국가가 되었다. 그러나 헌법개정은 실정헌법(헌법전)을 전제로 하는 개념이므로 영국에서는 헌법개정이 있을 수 없다.

세계 최초의 성문헌법인 미국연방헌법

한때 영국의 식민지였으나 독립을 이룩한 미국은 헌법사에서 영국 못지않게 많은 것들을 발전시켰는데 영국과의 관계에서 그 기원을 찾을 수 있다. 영국이 최초로 미국에 개척한 식민지는 1607년 버지니아 주에 있는 제임스타운(Jamestown)으로 당시 영국 왕인 제임스 1세(1566~1625)의 이름을 딴 것이다. 그 후 1620년 청교도 분리주의자들이 매사추세츠 주 플리머스에 정착했고, 이후 이주가 이어져 1732년경 13개 주가 성립했다. 이 식민지들은 왕실의 임명으로 파견된 주지사나 영주가 다스렸으며 땅을 하사받은 회사의 임원들이 지휘하는 자치식민지도 있었다. 하지만 17세기 후반에 이르러 식민지 정부는 대체로 총독과 의회로 구성되어 영국 등의 유럽과 달리 군주의 영향력에서 벗어나 어느 정도 민주주의를 실현하고 있었다.

그러던 중 영국이 프랑스와의 7년 전쟁(1756~1763)의 비용을 위해 식민지인 미국에 각종 세금을 부과한 것이 미국 독립전쟁을 유발하게 되었다. 예컨대 수입되는 설탕에 관세를 부과하는 설탕법(1764), 신문에도 인지세를 부과하는 인지세법(1765) 등이 만들어졌다. 특히 인지세법은 관세가 아니라 내부세라는 점에서 식민지인들의 반감을 샀다. 식민지인들은 '대표 없이 과세 없다(No taxation without representation).'는 구호를 내걸고 영국의 과도한 조세 정책에 반발하였다. 미국 식민지에서는 영국 의회에 대표를 보낸 적이 없으니 이런 법을 인정할 수 없다는 것이었다. 영국은 결국 인지세법을 철폐했다.

1767년에는 재무상 찰스 타운센드(Charles Townshend)가 주도한 타운센드법이 통과되었는데 유리·납·종이·차 등의 생필품에 수입세를 부과하는 것이었다. 하지만 식민지의 반발로 결국 차에 대한 과세권만 남게 되었다. 이 때문에 군중과 영국군이 충돌한 보스턴 학살 사건(1770)이 일어났으나 영국의 유화책으로 1773년까지는 평온이 유지됐다. 그러나 영국의 동인도회사가 파산위기에 몰리면서 이 회사의 대주주들이었던 정치인들이 '차(茶) 조례'를 제정해(1773) 중간상인을 거치지 않고 소비자에게 직접 차를 팔 수 있게 한 후, 런던 창고에 쌓여 있던 1,700만 파운드의 차를 싼값에 팔아 동인도회사의 파산을 막으려 했다. 그러자 1773년 12월 16일 밤에 존 핸콕, 새뮤얼 아담스 등 '자유의 아들들' 단원들은 인디언으로 분장하고 보스턴 항으로 가서 7만 5천 달러 어치나 되는 동인도회사의 차를 모두 바다로 던져 버렸다. 이것이 그 유명한 '보스턴 차 사건'이다. 영국의회는 이에 격분해 1774년 3월 식민지가 손해배상을 하지 않으면 항구를 해군으로 봉쇄하는 법, 영국법 집행 중 살인을 하면 영국법으로 재판을 받도록 하는 법, 미국인의 거주지를 오하이오 계곡으로 제한해 미국과 경계분쟁 중인 캐나다에 유리한 법 등을 계속해서 제정했다. 이에 반발해 1774년 9월 5일 조지아 주를 제외한 모든 주의 대표가 필라델피아에 모였다. 이 회의는 훗날 '대륙회의'라는 명칭으로 계속되는데 이 회의 자체가 영국 조지 3세(1738~1820)를 격분시켜 군대를 출동시키게 하였고 독립전쟁이 시작되었다.

독립전쟁이 발발하자 영국에 패한 프랑스가 식민지군을 도와주는 등 국제전의 성격을 띠게 되었고, 전쟁의 와중에 미국은 1776년 7월 영국으로부터의 독립을 선언했다. 결국 미국과 영국은 1783년 파리조약으로 평화협정을 맺고 미국의 독립은 인정되었다. 1787년 미국은 헌법을 제정했는데, 이것이 세계 최초의 성문헌법인 '미국연방헌법'이다. 미국의 연방헌법과 주(州)헌법의 이념은 마그나 카르타에서 기원을 찾을 수 있다. 또 근대 최초로 공화국을 창설하고 영국의 의원내각제에 비교되는 대통령제를 만들어냈다. 영국의회의 횡포를 경험한 미국은 의회의 다수파를 견제할 장치를 고안해 냈는데 그것이 대통령의 '법률안거부권'이다. 그런데 반대로 대통령의 권한이 막강해져 권한을 남용할 가능성에 대해서는 걱정하지 않았을까? 헌법제정을 논의하기 위한 필라델피아 회의에서 이런 문제도 거론되었다. 당시 식민지군의 총사령관이었고 헌법제정의회의 의장이었던 조지 워싱턴(1732~1799)은 어떤 형태의 정부에서든 최고 책임자가 될 것이 기정사실로 여겨졌다. 그런데 워싱턴은 권력을 남용할 사람이 아니라는 것이 일반적인 의견이었으므로 막강한 권한을 가진 대통령 제도가 만들어졌다고 한다. 워싱턴은 이에 부응해 권한을 남용하지 않고 대통령직을 수행했다. 더구나 당시 연임제한 규정이 없었고, 종신 대통령을 해도 될 만큼 신망이 있었음에도 2번의 임기를 마친 후 3선 대통령에 추대되었으나 스스로 물러나 그러한 신뢰에 보답했다(1796). 이러한 연임제한은 관례로 내려오다가 대공황과 제2차 세계대전을 이끈 루스벨트 대통령이 4선 임기 중 사망하자 대통령의 연임을 2회로 제한하는 수정 헌법 제22조를 제정하였다(1947.3.21 발의, 1951.2.26 비준).

그런데 수정헌법은 또 무엇인가? 처음 연방헌법을 만든 것은 1787년 9월이다. 로드아일랜드의 반대에 부딪혀 2/3만 비준하면 효력을 발생하는 것으로 하였고, 1788년 6월 21일 뉴햄프셔가 9번째 비준을 함으로써 2/3를 채워 효력을 발생하였다. 또 연방정부 구성에 부정적이던 로드아일랜드 주가 1790년 5월 비준함으로써 13개 주가 모두 비준하기에 이르렀고, 1789년 4월 30일 조지 워싱턴이 초대 대통령에 취임하였다. 그런데 비준 과정에서 연방헌법에 기본권 조항이 없다는 점이 문제되었다. 기본권 조항을 두지 않은 것은 주 헌법에 이미 보장되고 있었고, 연방정부가 국민의 기본권을 침해할 만큼 강력한 권한을 가지고 있지 않다는 생각 때문이었다. 그러나 비준 과정에서 문제가 제기되자 1789년 처음 소집된 연방의회는 기본권을 포함하는 헌법개정안을 마련해 1791년 비준 절차를 마쳤다. 이것이 '수정헌법'이다. 기존에 없던 내용이므로 조문을 덧붙이는 방식, 즉 증보 형식을 취한 것이다. 수정헌법 제1조는 신앙의 자유, 언론·출판과 집회의 자유, 청원권 등을 규정하였고, 이때 수정헌법 제10조까지 제정되었다. 이를 미국의 '권리장전'이라고도 한다. 이후에도 계속 수정헌법이 만들어졌는데 노예제도를 폐지한 1865년의 수정 제13조, 적법절차 및 평등권을 보장한 1866년의 수정 제14조, 흑인들의 투표권을 보장하는 1869년의 수정 제15조 등이 유명하다. 이어 1992년까지 총 27개의 수정헌법이 만들어졌다. 2006년에는 동성애 결혼금지 조항이 발의되었으나 부결된 바 있다.

세계 헌법사에서 미국 헌법이 갖는 의미는 대단히 크다. 세계 최초의 성문헌법으로서 영국의 헌정 경험과 계몽주의 사상에서 산발적으로 논의된 민주적인 통치 질서를 하나의 헌법에 정리해 실현시킨 것이다. 미국 헌법은 이후 현대에 이르기까지 각국 헌법의 모범이 되고 있는데, 그 내용이 선구적일 뿐 아니라 200년이 훨씬 지난 지금까지 효력을 가지며 모범적으로 미국 민주주의를 규율하고 있기 때문이다. 물론 초기 연방제 국가로서의 한계 때문에 사실상 노예제를 용인했다거나 정당과 매스컴의 발달로 직선제처럼 운영되는 대통령 간선제 등은 미국 연방헌법의 한계이기도 하다.

프랑스 대혁명이 대(大)혁명인 이유

'혁명'이란 급진적인 사회변화로 과거의 전통적 양식에서 갑자기 벗어나는 것을 의미한다. 역사적으로 유럽의 주요 혁명들은 통치형태뿐만 아니라 경제체제와 사회구조, 사회·문화적 가치에도 상당한 변화를 가져왔다. 이런 의미에서 미국의 독립을 '독립혁명'이라 보는 것이다. 물론 영국에도 명예혁명 등이 있었지만 급진적인 사회변화라 보기 어렵고, 이에 비해 미국의 독립과 연방정부의 구성, 최초의 성문헌법 제정 등은 전혀 새로운 시대를 연 혁명이었다. 그런데 혁명이라 하면 일반적으로 '프랑스 대혁명(1789)'을 떠올린다. 큰 대(大) 자가 붙은 혁명이기 때문이다. 그러나 프랑스 대혁명은 오히려 미국의 독립혁명에서 많은 영향을 받았다. 프랑스에서 1789년의 혁명을 대혁명이라 부르는 이유는 역사적 비중은 작지만 이전에 몇 번의 혁명이 더 있었기 때문이다. 즉, 1830년의 7월 혁명, 1848년의 2월 혁명 등과 구분하기 위해 붙여진 이름이다.

한편 '쿠데타(coup d'état)'란 무력으로 정권을 빼앗는 것으로 일부 지배권력이 자신의 권력을 더 강화하기 위해, 또는 다른 사람이 장악하고 있는 정권을 탈취하기 위해 수행된다. 권력이동은 지배계급 내부의 수평이동에 불과하다. 따라서 피지배계급에 의한 반란인 '혁명'과 비교된다. 쿠데타의 전형으로는 1799년 11월 9일 통령정치를 타도하고 스스로 제1집정이 된 보나파르트 나폴레옹의 쿠데타와 1851년 12월 2일 무력으로 의회를 해산하고 제정(帝政)을 시작한 루이 나폴레옹의 쿠데타를 들 수 있다. 우리나라에서도 혁명이라 부르는 몇 번의 사건들이 있었지만, 그것이 정말 혁명인지 아닌지는 이러한 개념에 대입해 보면 쉽게 알 수 있을 것이다.

프랑스 대혁명과 헌법의 제정에 대해 살펴보자. 일반적으로 중세는 봉건시대라고 불린다. 즉, 왕이 있지만 전국을 다스릴 힘이 없고 영주들이 각자의 영지를 다스렸다. 그들은 토지를 매개로 왕의 보호를 받으며 부역과 세금을 바치는 계약관계였다. 그런데 중세 유럽은 줄곧 교황을 중심으로 하는 교회가 지배하다가 십자군 전쟁의 실패와 종교개혁을 거치면서 각국 왕의 권력이 커지게 되었다. 그리고 16~17세기에 이르러 국왕을 정점으로 하는 중앙집권국가, 즉 절대주의 국가가 출현했다. 프랑스의 경우 루이 11세(1423~1483) 이래 중앙집권화의 길을 걸었으나 16세기 후반 가톨릭과 프로테스탄트 사이의 종교분쟁을 겪게 되면서 1589년 앙리 4세가 부르봉 왕가의 첫 국왕이 되었다. 그는 원래 프로테스탄트의 일파인 위그노였으나 왕이 되자 가톨릭으로 개종하고 낭트칙령을 공포해 종교의 자유를 인정하였다. 이로써 종교전쟁은 일단락되고 왕권이 강화되었다. 그러나 1610년 앙리 4세가 가톨릭 극단주의자에게 암살당하고 루이 13세가 즉위하였는데, 그도 왕권강화에 힘을 쏟았다. 1643년에는 루이 14세(1638~1715)가 5살의 나이로 즉위해 프랑스 역사상 가장 긴 72년 동안 왕위에 있었다. 그는 베르사이유 궁전을 짓고 귀족들을 불러 거주하게 함으로써 그들을 왕의 신하로 삼았다. '짐이 곧 국가'라는 그의 말은 절대군주사상을 대변해 준다. 그러나 그는 많은 전쟁을 수행하였고, 이 때문에 내부적으로 무너지기 시작했다. 더구나 루이 16세는 불어나는 부채를 감당하기 어려운 상황에서도 미국 독립전쟁을 지원하면서 더 많은 부채를 지게 되었다. 이 부채 문제를 해결하기 위해 특권계급에 세금을 물리려다 이들이 반발하자 국민의 협력과 동의를 얻으려고 175년 만에 삼부회를 소집했다. 삼부회는 제1계급인 성직자(전 국민의 1%), 제2계급인 귀족(2%), 그리고 나머지 제3계급으로 구성되었다. 제3계급의 상위는 부르주아(시민)라고 불리는 도시의 자본가 계급이었다. 그런데 여기서 시민 계급이 '개인별 1표'의 표결권을 주장하였고 국왕은 이를 거부했다. 이에 시민 계급은 인근 테니스 코트장에 모여 자신들을 '국민의회'라 명명하고 다른 계급 대표들의 참가를 권유하며 왕을 압박했다. 루이 16세는 어쩔 수 없이 국민의회를 인정했다. 그러나 파리와 바스티유에 군대를 배치함으로써 무력으로 국민의회를 해산할 것이라는 우려를 낳았고, 이 우려는 결국 '프랑스 대혁명(1789)'으로 이어졌다. 프랑스 대혁명의 발단은 단순히 자유와 평등을 보장받기 위한 정치적 이유 때문만은 아니었다. 1788년의 기록적인 흉작과 그해 겨울의 혹한, 영국과의 무역협약(1786) 이후 값싼 영국 공산품의 범람으로 인한 빵값의 폭등, 기아와 실업률 증가 등의 사회불안이 계기가 되었다.

국민의회는 1789년 8월 4일 프랑스 봉건체제를 폐지하고, 8월 26일 '인간과 시민의 권리선언'을 채택하였다. 이 인권선언 제1조는 '인간은 태어나면서부터 자유롭고 권리에 있어서 평등하다. 사회적 차별은 공동이익을 위해서만 가능하다.'고 선언하였다. 이는 루소(J. J. Rousseau, 1712~1778)가 쓴 '사회계약론(1762)'의 서두에 나오는 '인간은 자유로운 존재로 태어났다. 그럼에도 불구하고 도처에서 사슬에 매여 있다.'고 하는 문구를 연상케 한다. 제3조는 국민주권, 제16조는 권력분립을 규정하였는데, 이는 시에스(E. J. Sieyes, 1748~1836)가 쓴 '제3의 신분이란 무엇인가(1789)'라는 팸플릿에서 '헌법제정 권력은 제3의 신분인 시민계급에 있다.'고 역설한 내용이 반영된 것이다. 당시 성직자와 귀족은 20만 명에도 못 미치는 반면, 제3의 신분은 2,500~2,600만 명에 이르렀다고 한다. 그런데 시에스는 제1신분에 해당되는 사람이었다. 시에스는 '아베(Abbé) 시에스'라고 불리는데 아베는 '신부'라는 뜻이다.

국민의회는 프랑스 최초의 성문헌법(1791)을 제정했다. 군주제를 인정하되 입법·사법·행정부로 나누는 일종의 입헌군주제 형태였다. 그런데 루이 16세의 아내 마리 앙투아네트는 오스트리아 레오폴트 2세 황제의 여동생이었다. 그녀는 사치스럽고 반개혁적인 성향으로 알려져 있다. 대혁명 당시 선동가들은 "백성들이 먹을 빵이 없다."는 말을 들은 그녀가 "그러면 케이크를 먹으면 되지 않느냐?"라고 말했다며 그녀를 표적으로 삼았다고 한다. 아무튼 오스트리아는 군주제의 몰락을 염려해 프랑스 혁명에 대해 적의를 드러냈고, 국민의회는 1792년 4월 오스트리아에 대해 전쟁을 선포했다. 이에 프로이센을 비롯한 다른 유럽제국들이 오스트리아를 지지했다. 전쟁이 불리하게 돌아가자 급진주의자들의 주장에 따라 국민의회는 왕정폐지를 위한 헌법제정을 하기 위해 의회를 해산하고 국민공회를 구성했다. 국민공회는 1792년 9월 왕정폐지를 선언하고 제1공화국(1792~1804)을 선포했다. 국민공회는 1793년 1월 루이 16세를 처형했다. 그러자 유럽제국은 프랑스 혁명이 확산되는 것을 막기 위해 동맹을 맺기에 이르렀고, 이에 국민공회는 외세의 침략과 반혁명에 대응하고자 로베스 피에르(M. de Robespierre, 1758~1794)가 주도하는 공포정치를 시행했다. 이 와중에 국민공회가 제정한 1793년의 헌법은 실제 시행되지 못했고 1795년 새로운 헌법을 제정하기에 이르렀다.

외국과의 전쟁 중에 1799년 11월 나폴레옹(Napoléon Bonaparte, 1769~1821)은 시에스와 손을 잡고 쿠데타를 일으켜 헌법의 기능을 중지시키고 새 헌법을 제정하였다. 이 헌법에 따라 세 명의 통령이 행정부를 이끌게 되었는데 제1통령이 나폴레옹이었다. 결국 1789년 시작된 프랑스 대혁명은 10년의 격랑 끝에 나폴레옹에게 시대를 넘겨주고 말았다. 나폴레옹은 1802년 국민투표로 헌법을 통과시켜 종신통령이 되었으며, 다시 1804년 국민투표를 거쳐 제정으로 돌아갔고 황제에 취임하였다. 여기서 프랑스 혁명의 자유·평등·박애 정신이 나폴레옹의 전쟁을 통해 유럽에 전파되었다는 사실은 역사의 아이러니다.

나폴레옹이 워털루 전쟁에서 패하고 물러나자 유럽 각국은 빈회의를 열어 유럽의 구질서를 회복하기로 했고, 프랑스는 왕정복귀가 이루어져 루이 18세가 왕위에 올랐다. 1824년 루이 18세가 병사하자 그의 동생 샤를 10세가 즉위했다. 1830년의 선거에서 왕정복고주의자들이 아니라 자유주의자들이 더 늘게 되자 샤를 10세는 의회를 해산하고 출판의 자유를 폐지하는 등 긴급명령을 선포했다. 이에 1830년 7월 혁명이 일어나 샤를 10세는 퇴위하고 루이 필립이 입헌군주제의 왕으로 추대되었다. 그러다 1848년 식량부족과 실업문제 등으로 사회적 불만이 고조되어 2월 혁명이 일어났고, 제2공화정을 선포해 국민의회가 구성되었다. 그리고 대통령 선거에서 나폴레옹의 조카 루이 나폴레옹이 대통령이 되었다. 그러나 그는 1851년 쿠데타를 감행해 국민투표로 헌법을 개정하고, 10년 임기의 대통령이 되었다가 다시 1852년 국민투표를 통해 왕정체제로 헌법을 개정, 황제(나폴레옹 3세)로 취임하였다. 1870년 나폴레옹 3세는 프로이센과의 전쟁에서 패해 포로가 되었고, 국민의회는 그해 9월 제3공화국을 선포하였다. 비스마르크가 주도한 프로이센 군대는 1871년 1월 파리를 점령했고, 1873년이 되어서야 군대를 철수시켰다. 한편 1871년 1월 프로이센의 황제 빌헬름 1세가 베르사이유 궁전에서 독일 제국의 황제에 올라 독일 통일이 완성되었다.

미국이 독립전쟁에서 승리해 헌법을 제정하고 곧바로 공화정을 정착시킨 데 비해 프랑스는 대혁명 이래 왕정과 제정, 공화정을 계속 반복하면서 격랑의 근대사를 보냈다. 어쩌된 이유일까? 아직 제정에서 벗어나지 못한 주변 유럽제국의 외부 압력과 미국의 각 주처럼 일정 기간 왕의 통치력에서 벗어난 자치를 경험하지 못했기 때문이다. 하지만 다양한 헌정 질서를 경험하면서도 자유·평등·박애라는 프랑스 대혁명의 이념을 지켜낸 것은 인류사에 큰 공헌을 한 것이라 평가된다.

독일 헌법은 헌법이 아닌 기본법

독일 얘기를 해 보자. 독일 헌법은 'Grundgesetz für die Bundesrepublik Deutschland(독일연방공화국의 기본법)'이라고 부른다. 왜 '헌법(Verfassung)'이라 하지 않고 '기본법'이라고 부를까? 독일은 제2차 세계대전에서 패전한 후 미국·영국·소련·프랑스의 신탁통치를 받게 되었다. 그런데 이때 미국·영국·프랑스만 향후 일정에 대한 의견이 일치되어 1949년에 서방측 점령지역과 소련측 점령지역에 두 개의 헌법이 성립하였다. 즉, 1949년 헌법제정 작업에는 독일 국민 전체가 참여할 수 없었으므로 독일의 분단이 심화 또는 영구화되어서는 안 된다고 생각하였다. 독일연방 기본법은 독일의 통일이 이루어지기까지의 임시적인 성격을 띤 것으로 헌법이 아니라 단지 '기본적인 법'에 지나지 않았던 것이다. 따라서 1949년 5월 23일에 제정된 11장과 146조로 구성된 독일연방공화국 헌법의 명칭을 기본법(Bonn 기본법)이라 부르게 된 것이다.

독일연방 기본법은 바이마르 헌법 제2조와 달리 연방 영역에 관한 규정을 두고 있지 않았다. 다만 적용 범위를 규정하는데 그치고 있는데, 우선 연방기본법의 발효 시 존재했던 당시의 제23조 제1문에 열거되어 있는 서독 여러 지방의 영역이 적용 범위에 포함되었다. 그 밖의 지역에 대해서는 독일연방에 가입한 후 기본법이 효력을 발휘하도록 하였다(§23②). 한편 서독 연방에 가입하는 방법과 별도로 독일 기본법 제146조는 '이 기본법은 독일 통일과 자유가 달성된 후 전체 독일 국민에게 적용하며, 독일 국민의 자유로운 결정으로 신헌법이 효력을 발생하는 날 그 효력을 상실한다.'고 하여 헌법제정에 의한 통일의 길도 열어놓았다. 실제로는 동독 지역의 지방들이 서독에 가입하는 형태로 통일이 이루어졌고, 1990년 독일 통일로 종전의 기본법 제23조는 삭제되었으며 통일독일의 기본법은 전 독일 지역에 효력을 갖게 되었다. 독일은 의회의 의결만으로 헌법을 개정하는데, 부분개정 방식으로 여러 번 개정이 이루어졌다. 2012년 7월 11일자 개정으로 이미 60여 차례의 개정이 있었다.

앞에서 1871년 프랑스와의 전쟁 중 프로이센을 중심으로 독일 통일이 이루어졌다는 이야기를 했는데, 그 이전에는 50여 개의 작은 나라로 이루어져 있었다. 그 중 두 개의 큰 나라가 있었는데, 바로 프로이센과 오스트리아다. 우여곡절 끝에 오스트리아를 제외하고 프로이센을 중심으로 독일 통일이 이루어진 것이다. 그러나 통일된 이후에도 공화국은 아니었고 제정이었다. 1871년 헌법을 제정하였는데(비스마르크 헌법) 입헌군주정이었다. 물론 프랑스 혁명의 영향을 받아 이미 19세기 초 국민의 기본권을 보장하는 헌법제정 움직임이 있었다. 1845년 5월 18일 통일독일의 헌법제정을 위해 마인강 유역 프랑크푸르트에 위치한 파울교회에서 약 830명의 의원들로 구성된 독일국민의회(Die deutsche Nationalversammlung in der Frankfurter Paulkirche)가 열린 것이다. 사상적으로 자유주의의 영향을 많이 받은 헌법제정 국민의회는 1949년 3월 28일 상당히 진보적이고 자유주의

적이면서 '독일 국민의 기본적 권리'가 포함된 독일제국 헌법을 결의하였는데, 이를 '프랑크푸르트 헌법'이라 부른다. 이 헌법은 정치적인 이유로 시행되지 못하고 실효됐지만, 그 이념과 사상은 각 지방의 헌법과 후일 독일 헌법에 많은 영향을 주었다. 그리고 국민주권주의의 입장에서 상세하게 국민의 기본권을 규정한 독일 최초의 헌법으로 평가된다.

프랑크푸르트의 국민의회는 프로이센의 강력한 저항에 의해 해산되었다. 약 100명의 의원들이 독일 남부 슈투트가르트로 옮겨 회의를 했으나 1849년 6월 18일 무력에 의해 그 도시에서도 추방되었다. 자유주의자들의 패배와 보수주의자들의 세력 확장 중 프로이센 왕은 1848년 12월 5일 흠정헌법(왕이 만든 헌법)을 제정하였다. 이러한 보수주의적 헌법의 기초 위에 비스마르크가 등장하여 1862년 10월 8일 프로이센의 수상이 된다. 프로이센의 주도권 장악은 자유주의에 대한 보수주의의 승리를 의미하며 독일 통일이라는 가치가 선순위를 차지하게 되었다. 따라서 독일 시민계급이 그리던 통일이 아니라 시민계급의 역할 없이 군사적 힘에 의해 통일이 이루어졌다.

제1차 세계대전에서 패전한 후 독일 역사상 최초의 공화국이 성립하는데 이때의 헌법이 '바이마르 공화국 헌법(1919)'이다. 이 헌법은 패전 이후 1918년 11월 혁명으로 독일제정이 붕괴된 후 보통·평등·직접·비밀, 그리고 비례선거에 의해 선출된 국민의회가 7월 31일에 의결, 8월 11일 공포한 것으로, 국민의회가 독일 동부의 문화중심지인 바이마르에서 열렸다 하여 '바이마르 헌법'이라 부른다. 바이마르 헌법은 종래 비스마르크의 프로이센 헌법과 달리 민주주의 원리의 바탕 위에서 독일 국민의 통일을 지도 이념으로 하고, 다시 사회국가적 이념을 가미했다. 즉 19세기적인 자유민주주의를 기본이념으로 하면서 20세기적 사회국가의 이념을 취해 근대 헌법 사상 처음으로 소유권의 사회기속성과 재산권 행사의 공공복리 적합성을 규정하고, 인간다운 생존권과 경제 조항을 규정함으로써 20세기 이후 현대 헌법의 전형이 되었다. 그러나 이 헌법을 통해 집권한 히틀러(A. Hitler)에 의해 헌법은 무력화되었다. 히틀러는 의회를 장악한 후 수권법(授權法)을 제정해 헌법에 위배되는 조치를 할 수 있도록 하였다. 1933년 나치의 주도로 의회에서 통과된 수권법은 모두 5개 조항으로 제1조는 '독일의 법률은 헌법에서 규정되고 있는 절차 외에 독일 정부에 의해서도 제정될 수 있다……'이고, 제2조는 '독일 정부에 의해 제정된 법률은 연방의회 및 연방참사원의 제도에 영향을 미치지 않는 한 헌법에 위반될 수 있다. 단 대통령의 권한은 바뀔 수 없다.'와 같은 식이다. 결국 히틀러는 전제군주와 같이 국가의 전권을 쥐고 제2차 세계대전을 일으켰고, 이 과정에서 유대인 학살 등 수많은 인권 유린을 겪게 되었다.

군대를 해산한 일본의 평화헌법

앞에서 독일의 경우 현재까지 60여 회의 헌법개정이 이루어졌다고 했다. 우리나라는 헌법이 제정된 이후 9번의 개정이 있었다. 하지만 제2차 세계대전 이후 새 출발을 하게 된 일본은 1947년 헌법제정 이후 한 번도 개정하지 않았다. 일본 헌법 제96조는 '헌법의 개정은 각 의원(議院) 총 의원(議員)의 2/3 이상의 찬성으로 국회가 발의하고 국민에게 제안해서 승인을 거쳐야 한다. 이 승인에는 특별국민투표 또는 국회가 정한 선거 때에 행해진 투표에서 과반수의 찬성을 필요로 한다.'고 규정하고 있다. 우리 현행 헌법의 개헌절차와 유사하다. 즉 개헌을 위해서는 국민투표가 필수적인데 그 절차를 정한 법률이 최근에 만들어진 것이다. 정식 명칭은 '일본국 헌법의 개정절차에 관한 법률'인데 2007년 5월 18일 공포되고 3년의 유예기간을 거쳐 2010년 5월 18일 발효되었다. 따라서 개헌의 필요성은 제기된 적이 많으나 아직 실제 시도된 적은 없다.

일본 헌법은 '평화 헌법'이라 불리며 개헌논의도 이 문제에 집중되어 있다. 일본 헌법 제9조의 내용을 보자. '①일본국민은 정의와 질서를 기초로 하는 국제평화를 성실히 희구하며 국권의 발동인 전쟁과 무력에 의한 위협 또는 무력의 행사는 국제분쟁을 해결하는 수단으로서는 영구히 포기한다. ②전항의 목적을 달성하기 위해 육·해·공군 기타의 전력은 보유하지 않는다. 국가의 교전권은 인정하지 않는다.' 이렇게 명백하게 군대의 보유를 금지하고 교전권을 인정하지 않는다 해놓고 어떻게 자위대(自衛隊)는 존재할 수 있는지 의문이다. 1954년에 발족한 자위대는 30만 명 정도의 군사 밖에 되지 않지만 막강한 장비와 국방비로 인해 세계적으로 손꼽히는 군사력을 보유한 것으로 평가된다. 따라서 핵무장이니 자위대의 해외파병 같은 뉴스가 보도되면 태평양 전쟁의 피해국 국민들은 가슴이 철렁 내려앉는 것이다. 아무리 요즘 일본의 경제가 좋지 않다고는 하나 아직 세계 3위권의 GDP를 자랑하고 있지 않은가? 이런 일본이 재무장을 한다면 동아시아뿐 아니라 전 세계에 심각한 문제를 안겨줄 가능성이 높다. 그런데도 일본은 자위권의 명분으로 군사력의 증강과 활동범위를 넓히는 작업을 꾸준히 진행하고 있으며, 한편에서는 아예 헌법 제9조를 개정하자는 움직임이 일고 있는 것이다.

일본 헌법 제9조, 이른바 평화조항은 어떻게 만들어졌을까? 일본인들은 일본이 지금까지 한 번도 외세의 지배를 받은 적이 없다 주장하지만, 제2차 세계대전 패전 후 잠시나마 미국의 통치를 받은 것은 부인할 수 없는 사실이다. 1945년 패전 후 헌법을 제정해 권력을 인도받은 1947년까지 일본 국정의 총책임자는 일본군 점령사령부의 맥아더였다. 당시 개헌 작업도 미국의 영향 하에 진행되었고, 미국의 요구로 포함된 것이 제9조 평화조항이다. 그때 평화조항을 요구했던 미국이 1990년대 중동 전쟁 과정에서 자위대의 협력을 요청하면서부터 오히려 일본의 재무장과 자위대의 적극적 해외활동을 묵인 내지 요청하고 있다는 사실은 격세지감을 느끼게 한다.

그 이전의 일본 헌법사도 한번 살펴보자. 임진왜란 이후 전국시대의 일본 통일을 완수한 도쿠가와 이에야스(1543~1616)는

1604년 현재의 도쿄인 에도에 막부(幕府)를 설치해 19세기까지 통치했는데, 이때 나가사키를 제외하고 대외무역을 금지하는 쇄국정책을 썼다. 그러다 1854년 미국의 페리가 군함들을 이끌고 와 일본 개항을 이끌어내고, 이후 차례로 개항을 하게 되었는데 개항을 꺼리는 천황(일본왕)을 압박해 이를 용인하게 만들었다. 이 과정에서 존왕양이(尊王攘夷)의 기치를 내건 막부반대파가 세력을 키우게 되었다. 그 전면에 서 있던 사쓰마 번(薩摩藩)과 조슈 번(長州藩)은 원래 개국반대파였으나 개국파로 돌아섰고, 막부는 1866년 막부반대파를 정벌하러 갔으나 오히려 패하고 말았다. 1867년 막부와 사쓰마·조슈 동맹 간의 합의가 이루어졌는데 막부의 수장인 쇼군도 한의 수장인 다이묘와 같은 지위를 갖게 하고, 막부정치는 천황에 책임을 지는 추밀원으로 대체하며 추밀원은 다이묘 등으로 구성된 상원과 무사 및 평민들로 구성된 하원으로 구성한다는 것이었다.

당시 쇼군이었던 도쿠가와 요시노부(德川慶喜, 1837~1913)는 자신이 추밀원장이 되어 추밀원을 장악하면 내전도 막고 실리도 챙길 수 있다고 생각했다. 이에 1867년 10월 14일 쇼군의 모든 권한을 천황에게 헌납한다는 대정봉환(大政奉還)이 이루어졌다. 그러나 사쓰마·조슈 동맹의 맹주들이 요시노부가 추밀원장이 되는 것을 막았고, 결국 두 세력 사이에 무력충돌이 일어났다. 이 충돌에서 쇼군의 군사가 패하자 왕정복고파가 막부반대파와 손잡고 쿠데타를 일으켰다. 12월 9일에 '왕정복고의 내호령(大號令)'을 발표함으로써 메이지정권이 탄생하였고 1868

년 3월 천황이 에도에 무혈입성하면서 도쿠가와 막부는 소멸하고 말았다. 그러나 1870년대 중반이 되면서 신정부의 정책에 불만을 품은 무사 계급들과 농민들이 자주 반란을 일으켰고 1880년대에 이르러 절정에 달했다. 동시에 서구 자유주의 사조의 도입으로 고양된 자유민권 운동은 점차 헌정(憲政)의 창출과 민선의회를 통한 폭넓은 정치참여를 요구했다. 정부는 이러한 압력에 대응해 1890년까지 헌법을 제정한다는 성명을 발표하였고(1881), 내각 제도를 창설했으며(1885) 헌법 제정 작업을 시작했다(1886). 결국 1889년 천황이 국민에게 하사하는 형식으로 헌법이 공포되었다. 이것이 일본제국 헌법, 이른바 '메이지 헌법'이다.

흔히 제2차 세계대전에서 일본이 패한 후 종전협상에서 무조건 항복을 한 것으로 알고 있지만, 이때 일본이 한 가지 조건을 내걸었는데 천황을 전범재판에 회부하지 않는다는 것이었다. 실제 전쟁을 수행한 것은 내각이고 천황은 전쟁에 간여하지 않았다는 논리를 편 것인데 맥아더 측이 이를 수락하였다. 기존의 메이지 헌법 제1조 '대일본제국은 만세일계의 천황이 이를 통치한다.'는 전후 제정된 일본 헌법 제1조 '천황은 일본국의 상징이며 일본국민 통합의 상징으로 이 지위는 주권을 가진 일본국민의 총의에 근거한다.'로 바뀌었다.

공산국가들의 헌법

19세기 러시아는 유럽에서도 산업화가 매우 뒤진 나라였다. 자유주의와 민족주의의 흐름은 러시아도 예외가 아니었으나 봉건제도가 아직 남아 있던 상황에서 황제는 이를 억압하였다. 1855년 알렉산드르 2세가 농노제를 폐지하고 지방의회를 만드는 등 나름 개혁조치를 취하기도 했으나 1881년 그가 테러로 사망하고 알렉산드르 3세가 즉위하자 정부는 더욱 보수화되었다. 그 후 1905년 러일전쟁에서 패하자 헌법제정과 시민의 정치·경제적 권리를 위한 시위가 일어났고(1905년 혁명), 당시의 황제 니콜라스 2세가 이를 무력으로 진압했다. 1906년 헌법을 제정해 황제의 입법권과 예산권이 어느 정도 제한되었으나 이는 최소한의 타협에 불과했다. 그 후 1914년 제1차 세계대전이 일어났지만 정부가 효과적으로 전쟁을 수행하지 못하자 국민들은 페트로그라드에서 대규모 파업과 시위를 진행하였고 의회는 정부개혁을 요구했다. 이어 1917년 2월 혁명으로 니콜라스 2세가 퇴위하고(1917년 2월 혁명) 의회의 지도부로 구성된 자유주의적 임시정부가 발족하였다.

이에 망명 생활을 하던 레닌(V. Lenin, 1870~1924)이 1917년 4월 귀국해 전쟁 중지와 임시정부 타도를 주장하며 7월 쿠데타를 일으켰으나 실패하고 말았다. 그러나 정부와 군대 사이의 알력으로 군사쿠데타가 시도되자 정부는 볼셰비키에 대한 정치적 복권을 단행하고 도움을 요청하였다. 레닌이 이끄는 볼셰비

키는 이 기회를 이용해 11월 7일 자신들을 따르는 부대를 모아 수도를 장악하고 정권을 탈취하였다(1917년 10월 혁명). 이듬해 1918년 7월 10일, 제5차 전 러시아 소비에트 대회에서 세계 최초의 공산주의 헌법인 '러시아 사회주의연방 소비에트공화국 헌법(1918년 헌법)'이 만들어졌다. 서구 자유민주주의 헌법의 목적이 국민의 자유와 권리를 최대한 보장하는 것이었다면 이 헌법은 프롤레타리아(노동자 계급)의 독재 권력을 확립하는 것이 목적이었다. 서구식 의회 대신 입법과 행정을 모두 장악하는 전 러시아 소비에트 대회가 국가의 최고기관이었고, 서구식 기본권이 아니라 '근로하고 착취당하는 인민의 권리선언'이 포함되었다. 독일 및 동맹국들과 단독강화조약(1918년 브레스트-리토프스크 조약)으로 제1차 세계대전에서는 발을 뺐으나 볼셰비키를 반대하는 제정파와 독일과의 전쟁을 희망하는 연합국의 지원에 의한 내전이 발발하였고 1921년에야 끝낼 수 있었다. 1922년 우크라니아, 벨로루시 등과 연방을 결성하고 '소비에트 사회주의자 공화국 연합(소련)'이라고 이름을 바꾸었다. 그리고 연방주의적 성격을 강화한 헌법(1924년 헌법)을 제정하였다.

중국의 경우 1911년 신해혁명으로 청조가 타도되고 중화민국이 탄생했다. 이와는 별도로 1921년 공산당이 창당되었고 1931년 중화소비에트 공화국이 수립되었다. 이후 국민당 정부와 치열한 주도권 다툼이 시작되었다. 1930~1934년 국민당의 공산당 토벌을 피해 마오쩌둥(1893~1976)이 주도한 대장정(1933)은 유명한 사건이다. 일본과의 전쟁으로 연합했던 양측의 대립은 국공내전으로 번졌으나, 공산당이 1947년 '경작자가 토지를 갖는다.'는 원칙으로 토지개혁을 실시하자 농민들이 대거 공산당에 가입하면서 전세가 역전되었다. 결국 1949년 국민당은 대만으로 쫓겨났고 '중화인민공화국'이 탄생했다. 이때 채택한 '중화인민정치협상회의 강령'이 헌법의 역할을 했으며 이를 기초로 1954년 헌법을 제정하였다.

중국의 헌법도 소련의 헌법과 같은 사회주의 헌법에 속한다. 즉 모든 권력은 인민에 속하며 인민은 전국인민대표대회와 지방각급인민대표대회를 통해 국가권력을 행사한다고 하였다. 또 인민은 국가사무와 경제·문화사업, 사회업무를 관리한다(§2). 국가기관은 민주집중제 원칙을 준수하며 인민대표대회는 선거로 구성되고 인민에 대해 책임을 지고 감독을 받는다. 행정부와 사법부도 인민대표대회에 의해 구성되고 인민대표대회에 책임을 지고 감독을 받는다(§3). 이렇게 볼 때 전형적인 '회의제 정부'라 할 수 있다.

북한은 어떠했나? 북한의 헌법도 소련, 중국의 헌법과 비슷한 성격을 갖고 있다. 1948년 제정되어 4차에 걸쳐 개정된 헌법을 인민민주주의헌법이라 부르고, 1972년에 제정되어 2012년까지 총 11차례 개정된 헌법을 사회주의헌법이라 부른다. 즉 조선민주주의인민공화국 사회주의헌법이 북한의 현행 헌법이다. 김정일 사후 김정은의 등장과 더불어 2012년 개헌에서는 핵보유국임을 명기하였다고 한다.

헌법 제정에서 1960년 헌법까지

제헌헌법 이전

이제 우리나라의 개헌을 살펴보자. 조선 시대에도 헌법이 있었을까? 물론 성문헌법은 없었다. 그러나 경국대전을 비롯한 여러 법에 국가의 기본적인 사항이 있었으므로 실질적 의미의 헌법은 존재했다고 할 수 있다. 조선 초에 반포된 경제육전 등의 개정을 거쳐 1485년에 이르러 완성된 경국대전은 그 후 속대전(1746), 대전통편(1786), 대전회통(1865) 등으로 보완되었다. 경국대전은 '조종지법(朝宗之法)'이라 하여 처음 반포된 것을 우선하고 이후의 법전은 이를 보충하는 역할만 했다. 즉 '신법 우선의 원칙'이 아니었다. 이것들은 헌법 이외에 행정법과 형법의 내용을 포함하는 종합적인 법전이었다.

어쨌든 현재의 헌법은 서구 근대국가의 문화적 산물이다. 그런 의미의 헌법이 소개된 것은 구한말인데 홍범 14조를 첫 서구식 헌법으로 보는 것이 일반적이다. 이는 1895년 1월 제정·발표된 한국 최초의 근대적 정책백서이자 헌법적 문서다. 제1조는 '청에 의존하는 관념을 끊고 자주독립의 기초를 확실히 건립한다.'고 하였다. 또 왕실과 국정사무를 분리하고 정부조직을 정하며(§3~§5) 조세법률주의(§6), 징병제(§12), 법치주의에 의한 생명·재산의 자유(§13) 등도 규정하였다. 공식적으로 청(淸)의 종주권을 부인, 자주독립국임을 내외에 공포하고 근대적 개혁을 총괄하여 성문화했으나 일본의 간섭에 의해 작성되어 자주적 개혁으로 보기는 어렵다.

일제에 의한 강제병합 이후 여러 곳에 임시정부가 성립되었으나 1919년 상해의 임시정부, 연해주에 있던 대한국민의회, 서울에 있던 한성정부 등이 상해임시정부로 통합되었다. 상해임시정부 헌법(대한민국 임시헌장)은 총 10개 조문으로 된 간단한 헌법이었다(1919.4.11). 제1조에서 '대한민국은 민주공화국으로 함'이라 규정하여 처음으로 우리 민족이 만드는 국가의 호칭이 '대한민국'이며 그 성격이 군주국이 아닌 공화국이고, 주권이 국민에게 있는 민주공화국임을 선포하였다. 처음엔 의원내각제에 가까웠으나 1919년 9월 개헌으로 대통령제와 의원내각제를 절충한 정부 형태를 취하였고, 총 네 번에 걸쳐 개헌되었다. 개헌의 내용은 권력구조의 개편이 주요 내용이었다. 임시정부 시절부터 권력구조에 집착하는 우리 헌법 개정사가 시작된 셈이다. 상해임시정부의 정통성은 헌법 전문의 '……우리 대한국민은 3·1운동으로 건립된 대한민국임시정부의 법통……을 계승하고'라는 문구에서 확인된다.

개정	의원내각 공포일	별칭	특색	비고
제헌	1948.7.17	제헌헌법 (건국헌법)	대통령제와 의원내각제 혼합	제헌의회 통상의회 전환
1차	1952.7.7	발췌개헌	대통령직선제	공고절차 위헌
2차	1954.11.29	사사오입 개헌	중임제한 철폐 자유시장경제	의결정족수 미달
3차	1960.6.15	의원내각제 개헌	의원내각제 양원제	개헌안 기명투표 (소수당 주도 개헌)
4차	1960.11.29	부칙만의 개정	4·19혁명 책임자 처벌	시위대 의사당 점거
5차	1963.12.17	3공헌법	5·16군사정변 후 민정이양 대통령제	개헌에 국민투표 도입 (이전 헌법과 단절)
6차	1969.10.21	3선 개헌	대통령 3선 가능	여당 기습처리
7차	1972.12.27	유신헌법	권위주의적 대통령제	국회해산 후 국민투표
8차	1980.10.27	5공헌법	완화된 유신헌법	비상적 상황 하에서 개헌
9차	1987.10.29	현행 헌법	여야 합의 국회안 대통령제	3공헌법과 유사

독립국가의 출범 – 제헌헌법

처음 만드는 헌법은 보통 '제헌헌법(制憲憲法)'이라 부른다. '헌법을 만드는 헌법'의 의미로 읽힌다 하여 '건국헌법(建國憲法)'이라 하기도 한다. 헌법의 초안을 작성했던 유진오 박사가 그렇게 불렀다. 그러나 '제헌시의 실정헌법'이란 의미로 이해해도 좋다. 제헌헌법은 어떻게 탄생했는지 살펴보자.

1945년 8월 15일 일제 치하에서 해방되었으나 남과 북이 서로 다른 과정을 밟게 된다. 우여곡절 끝에 1948년 2월 26일 유엔 소총회에서 남한만의 자유총선거가 허락되었다. 그런데 국회도 없는 상태에서 어떤 근거와 절차로 헌법을 만들었을까? 당시에는 미군정이 우리 법질서를 유지하고 있던 때였다. 이에 미군정 법령 제175호로 선거법이 만들어졌고, 1948년 5월 10일 총선거가 시행되어 198인의 제헌의원이 선출되었다. 제헌의원의 임기는 2년으로 헌법제정 후에도 해산되지 않고 통상 국회의 역할을 했다. 원칙적으로는 헌법이 제정되었으므로 그 헌법에 의해 의회가 다시 구성되어야 하지만 남북분단 상황에서 연이은 두 번의 선거는 부담스러웠던 것이다. 제헌의원의 분포는 대한독립촉성국민회 53명, 한국민주당 29명, 대동청년단 14명, 민족청년단 6명, 기타 단체 11명, 무소속 85명 등이었다. 무소속이 85명이나 되었지만 한국민주당이 워낙 인기가 없어 무소속으로 나온 후보가 많았으므로 실제 한민당 소속의원은 60~80석으로 추산된다. 총선거에 참여한 정당 및 사회단체는 무려 48개였지만 7명 이하의 후보를 낸 정당이 42개, 단 1명의 후보를 낸 정당 및 사회단체도 25개나 되었다. 해방 후 정당과 사회단체의 난립은 당시의 정치적 혼란상을 여실히 보여주는 대목이다. 남한만의 단독정부 수립을 반대하고 남북협상을 추진했던 남북협상파와 좌익계열은 불참했다. 어쨌거나 당시 투표율은 95.5%에 달해 역대 최고 투표율을 기록했다.

이후 5월 31일 소집된 제헌의회는 이승만을 의장으로, 신익희와 김동원을 부의장으로 선출하고, 6월 3일 30인의 헌법 기초위원과 10인의 전문위원으로 헌법제정에 착수했다. 유진오의 초안(권승렬의 참고안)은 의원내각제·양원제, 대법원의 위헌법률심사 등을 내용으로 했으나 이승만과 동조세력의 반대로 대통령제·단원제, 헌법위원회의 위헌법률심사로 내용이 바뀌었다. 여기서 유진오의 회고담을 한 번 보자.

이승만의 강경한 반대에 부딪히자 헌법 기초위원들이 모여 식사를 하면서 논의했는데, 100여 조가 되는 헌법초안에 손대기 어렵다는 의견이 나오자 김준연 위원이 "그리 어려울 것 없소. 내가 30분 내에 고쳐 놓겠소."라고 하며 연필을 들어 몇 군데 죽죽 줄을 그어 고쳤다고 한다. 유진오는 회고록에서 김성수(당시 한국민주당 당수)가 "대통령으로 모셔야 될 단 하나밖에 없는 후보자인 이 박사가 내각책임제에 반대하는 태도를 바꾸지 않는 이상 한국민주당도 더 이상 내각책임제를 고집할 수 없어 헌법을 대통령책임제로 바꾸는 데 찬성하기로 하였는데……"라고 하였다 한다. 또 헌법을 기초해 달라는 부탁을 받으면서 양원제와 내각책임제 등 자신이 생각하는 원칙에 대해 부탁하는 사람들의 동의를 받아두었다고 회고하면서 신익희와 신익희를 통해 간접적으로 이승만의 동의도 받았는데 "결과적으로 나는 정치하는 사람들에게 휘둘려 무보수로 품삯 일을 한 것밖에 되지 않는 것"이라면서 즉석에서 거절하였다고 한다(유진오, 『헌법기초회고록』, 일조각, 73쪽, 1980). 그러나 정치인들의 타협에 의해 외형상 대통령제로 바뀌게 되었다. 결과적으로 양 제도가 원칙 없이 혼합되어 버린 것이다. 대통령제라고 하면서 국회의 승인을 얻어 임명하는 국무총리제가 병존하고, 그러면서도 국무위원의 임명에는 국무총리의 제청권을 삭제해 어중간한 제도가 되고 말았다. 유진오는 이를 '초밥 먹는 동안에 이루어진 역사'라고 하였다(앞의 책, 99쪽 이하). 그 후 이 헌법은 6월 23일 국회 본회의에 상정되어 심의를 거친 후 7월 12일에 통과되었고 7월 17일에 공포되었다. 일정을 서두른 이유는 8월 15일을 정부수립일로 하기 위해서였다.

그 내용을 한 번 보자. 대통령제적 요소로 대통령은 국가원수 겸 행정부 수반이며 국무총리와 국무위원을 임명하고, 법률안 거부권이 있었으며 임기는 4년으로 1회 재임이 가능했다. 반면 의원내각제적 요소는 대통령을 국회에서 선출하였고 국무원이 의결기관이며 국무위원과 국회의원의 겸직이 가능했다. 또 부서제도(副署制度)가 있었으며 대통령·국무위원의 국회출석·발언권과 정부의 법률안제출권이 있었다.

그런데 이승만은 왜 의원내각제가 아니라 대통령제를 고집했을까? 이승만의 이력에 그 답이 있다. 이승만은 1919년 4월 10일 구성된 상해 대한민국임시정부에서 국무총리로, 같은 해 4월 23일 선포된 한성임시정부에서 집정관 총재로 임명되었고, 6월에는 대한공화국 대통령(President of the Republic of Korea) 명의로 각국 정부수반과 강화회의 의장에게 한국의 독립을 통고하는 한편, 8월 25일에는 워싱턴에 구미위원부(The Korean Commission to America and Europe)를 설치해 외교활동과 독립자금 모집운동에 전념했다. 9월 6일 상해임시정부 의정원으로부터 임시 대통령에 추대된 그는 상해로 건너가 1920년 12월부터 1921년 5월까지 대한민국임시정부 대통령직을 수행했다. 그러나 1925년 3월 임시정부 의정원에서 탄핵됨으로써 임시 대통령직에서 면직되었다. 그럼에도 불구하고 그는 한동안 한성임시정부의 법통을 내세우며 임시정부 대통령임을 자처하였고, 구미위원부를 활용해 독립운동을 지속했다. 해방 이전부터 그는 이미 '대통령'으로 활동해 온 것이다. 또 김구 계열의 불참으로 제헌의회에서 사실상 차기 지도자로 지목된 상태였으므로 자연스럽게 '대통령'이라는 명칭을 고집한 것이었다.

그는 1910년까지 5년 동안 미국에 머물면서 조지 워싱턴 대학, 하버드 대학 및 프린스턴 대학에서 각각 학사·석사·박사 과정을 이수한 끝에 1910년 7월 프린스턴 대학에서 「미국의 영향 하에 발달된 국제법상 중립」이라는 주제의 논문으로 박사 학위를 취득한 바 있다. 따라서 미군정 당국과 이른바 '대화가 통하는 상대'였으므로 미국의 입장도 어느 정도 반영된 것으로 추측해 볼 수 있다. 그러나 1947년 이미 의원내각제 헌법을 제정한 일본의 사례를 고려하면 미군정 당국의 압력 때문에 대통령제로 바뀌었을 가능성은 높지 않아 보인다. 이승만은 스스로 "미인(미국 사람)이 남조선에 있어 그 사람들의 말을 듣는 것은 아니지만 영국과 일본은 군주국 제도이고 미국은 민주 제도인 만큼 민주국 제도가 우리나라에 적합하다고 생각……"한다고 했으나 이는 제도에 대한 오해이거나 핑계에 불과하다. 이 역시 미국에서 생활했던 이승만 개인의 경험에 기인한다고 볼 수 있다.

대통령제와 의원내각제를 구분하는 기준으로 가장 중요한 것은 행정부와 의회를 국민이 각각 구성(선거)하느냐 아니면 의회만 구성하고 의회에서 행정부를 구성하느냐이다. 이렇게 본다면 제헌헌법은 대통령이라는 명칭에 상관없이 의원내각제로 분류할 수 있다. 물론 6·25전쟁이 발발하고 의회에서 인기가 떨어진 이승만 대통령이 대통령직선제 개헌을 관철시킨 제1차 개헌 이전의 이야기이다.

이승만에 의한, 이승만을 위한 – 발췌개헌

앞에서 제헌의회의 세력분포를 소개했는데 무소속이 가장 많다는 것은 현재와 같이 조직을 갖춘 정당들이 아니었다는 이야기도 될 수 있다. 이승만이 속한 대한독립촉성국민회도 정당이라기보다 일종의 사회단체에 가까웠다. 임시정부의 여당이었던 김구 주도의 한국독립당이 5·10선거에 참여하지 않자 미군정 당국과 우호적이었던 두 세력, 즉 이승만의 대한독립촉성국민회와 자본가와 지식인이 주축이 된 한국민주당이 손을 잡고 대한민국 정부를 탄생시킨 것이다. 그러나 국무총리 지명과 내각구성 과정에서 이승만의 외면을 받자 곧바로 정치적 결별을 하게 된다. 둘 사이의 정치투쟁은 개헌시도로 나타났다.

1950년 1월 28일 야당이 발의한 의원내각제 개헌안은 부결되었다(재적 179, 찬성 79, 반대 33, 기권 66, 무효 1). 이후 1950년 5월 30일의 제2대 국회의원 선거에서 지지 세력이 줄어든 이승만은 국회간선으로는 재선되기 어려울 것으로 예측하고 6·25전쟁으로 인한 부산 피난 중 정부안으로 대통령직선제 개헌안(1951.11.30)을 발의했으나 역시 부결되었다(출석 163, 찬성 19, 반대 143, 기권 1). 그런데 이번에는 대통령직선제 개헌안을 부결시키면서 다수의 지지를 확인한 야당 국회의원들이 1952년 4월 17일 다시 의원내각제 개헌안을 발의하였다. 정부는 5월 5일 부산을 포함한 경상남도 및 전라남북도 일대에 비상계엄령을 선포하고, 국제공산당과 결탁했다는 혐의를 씌워 국회의원 12명을 체포했다. 가만히 있다가는 의원내각제 개헌안이 통과될 것으로 판단한 정부는 5월 14일 대통령직선제 개헌안을 또 다시 발의하였다. 5월 28일 국회는 계엄령의 즉각 해제와 구금의원의 전원석방 요청을 결의했다. 또 국제적으로도 미국 대통령 트루먼이 "유엔은 한국의 민주주의를 수호하기 위해 원조하고 있다."는 함축성 있는 비난을 하는 등 비난 여론이 쇄도해 정부는 일단 국회해산을 보류했으나 사태는 장기화되었다. 당시 국무총리 장택상이 중재 역할에 나서 각파 대표와 회담한 끝에 대통령직선제를 골간으로 하는 정부안에 국회에 국무위원 불신임권을 부여한다는 국회안을 보충해 소위 발췌개헌안을 만들어냈다. 7월 4일 국회의원들은 의사당 내에서 경찰에 포위된 채 기립투표 방식으로 개헌안을 통과시켰다(출석 166, 찬성 163, 기권 3). 이것이 제1차 개헌, 이른바 '발췌개헌(拔萃改憲)'이다. 발췌개헌은 개헌절차 중 30일 이상의 공고절차를 지키지 않았다는 점, 독회(讀會) 절차와 자유토론이 생략된 채 공포 분위기에서 통과되었다는 점, 1951년 11월 30일 제출된 정부안과 같은 내용이므로 동일 회기에 두 개의 개헌안을 발의해 '일사부재의의 원칙'에 어긋난다는 점 등 절차에 있어 위헌적인 헌법개정이었으나 그냥 발효되었다. 대통령직선제와 정·부통령제, 실제 구성되지는 않은 국회 양원제, 의원내각제적 요소인 국무원 불신임제와 국무총리 임명 시 국회의 승인제도, 국무위원 임명 시 국무총리의 제청을 요하는 것 등이 개헌의 내용이다.

초대 대통령만 삼선가능 – 사사오입 개헌

앞서 이야기한 대통령직선제 개헌안 파동의 와중에 탄생한 것이 자유당이다. 즉 민주국민당(한민당의 후신) 중심의 원내에서 직선제 개헌안이 통과될 가능성이 없었으므로 원외에서 광범위한 관제(官製) 민의운동을 일으켜 국회에 압박을 가했는데 그

것이 원외 자유당이었다. 이들은 원내의 공화민정회와 원외의 국민회·대한청년단·대한노동조합총연합회·대한부인회·농민조합총연맹 등을 망라해 창당을 시도했다. 그러나 대통령직선제 개헌안이 국회에 제출되자 찬반양론의 대립 속에 원내파와 원외파로 분열, 하나의 이름으로 두 개 정당이 만들어지는 기형적인 형태로 자유당이 창당되었다(1952.11).

이승만을 당수로, 이범석을 부당수로 하여 직선제 개헌안 지지를 표명한 원외 자유당 세력은 이범석의 조선민족청년단(약칭족청)과 5개 사회단체를 중심으로 결성되어 이후 자유당의 주류가 되었다. 개헌안 통과를 계기로 원내 자유당은 원외 자유당에 흡수되어 단일 정당이 되었다. 이에 대통령 선거에서 승리를 확신한 이승만이 2인자인 이범석을 외면하고 부통령에 함태영을 지명하자 당내 갈등이 가속되었고, 이후 이기붕을 2인자로 하는 체제로 개편되면서 이승만에 의한 권위주의적 정당으로 변모해 갔다. 자유당은 1954년 5월 20일 제3대 국회의원 선거에서 총 203석 가운데 114석을 차지해 원내 다수당이 되었다. 그러자 당시 이승만 대통령의 계속 집권을 위해 3선(選)을 가능하게 하는 헌법개정안을 발의하였다. 자유당 소속 의원과 무소속 의원 136명의 서명으로 1954년 9월 8일 초대 대통령에 한해 중임제한을 철폐한다는 내용을 골자로 한 헌법개정안을 국회에 제출한 것이다. 이에 앞서 정부는 경제조항에 규정된 통제 내지 계획경제적인 내용을 자유시장경제로 전환하는 내용의 개헌안을 제출한 바 있다(1954.1.23 제4차 개헌안). 그러나 돌연 이 개헌안을 철회했는데 3선 개헌안을 제출하기 위한 포석이라고 알려져 있다. 재적 203명 중 136명의 찬성으로 발의된 이 개헌안은 찬성 135, 반대 60, 기권 7, 무효 1로 의결정족수인 2/3에 해당하는 135.333……명, 즉 136명에서 한 표가 부족해 부결되었다(1954.11.27). 그러나 소수점 이하를 반올림해 의결정족수를 135명으로 해석, 이틀 후 자유당 의원들만 모인 상태에서 부결을 번복하였고 같은 날 공포되었다. 이것이 제2차 개헌, 이른바 '사사오입(四捨五入) 개헌'이다. 이는 의결정족수에 미달하였으므로 절차상 불법적인 개헌이었다. 또 '이 헌법 공포 당시의 대통령은 §55① 단서의 제한(단 재선으로 1차 중임할 수 있다)을 적용하지 아니한다.'는 규정을 부칙에 둠으로써 이승만 개인에 대한 중임제한을 철폐한 것은 평등원칙에 위배되는 위헌적 내용이었다.

또 하나 재미있는 일화가 있다. 발의한 의원 모두 찬성하면 통과가 되는데 당시 무효표가 하나 나와 개헌선에 미달되었다. 당시 한 자유당 의원이 "어느 곳에 투표하느냐?"고 질문하자 "입 구(口) 자(字) 있는 곳에 하라."고 가르쳐 주었는데, 투표용지에 '가(可)'와 '부(否)' 모두 '입 구(口) 자'가 들어있어 모두 표기했다고 한다(송우, 『한국헌법개정사』, 161쪽, 집문당, 1980).

개헌의 기타 내용은 다음과 같다. 주권제약·영토변경에 대한 국민투표제, 군법회의의 헌법적 근거 부여, 국무총리제 폐지, 헌법개정의 국민발안제, 자유경제로의 전환 등이었다. 그런데 '자유경제로의 전환'은 무엇일까? 제헌헌법 당시 경제와 관련해 다음과 같은 조문들이 있었다. '광물 기타 중요한 지하자원, 수산자원, 수력과 경제상 이용할 수 있는 자연력은 국유로 한다. 공공필요에 의하여 일정한 기간 그 개발 또는 이용을 특허하거나 또는 특허를 취소함은 법률의 정하는 바에 의하여 행한다.(§85)' '중요한 운수, 통신, 금융, 보험, 전기, 수리, 수도, 가스 및 공공성을 가진 기업은 국영 또는 공영으로 한다. 공공필요에 의하여 사영을 특허하거나 또는 그 특허를 취소함은 법률의 정하는 바에 의하여 행한다. 대외무역은 국가의 통제 하에 둔다.(§87)' '국방상 또는 국민생활상 긴절한 필요에 의하여 사영기업을 국유 또는 공유로 이전하거나 또는 그 경영을 통제, 관리함은 법률이 정하는 바에 의하여 행한다.(§88)'

이 조문들은 사회주의 내지 통제경제에 가까운 내용들이라고 평가되었다. 그래서 '광물 기타 중요한 지하자원, 수산자원, 수력과 경제상 이용할 수 있는 자연력은 법률이 정하는 바에 의하여 일정한 기간 그 채취, 개발 또는 이용을 특허할 수 있다.(§85)' '(제1항은 삭제) 대외무역은 법률의 정하는 바에 의하여 국가의 통제 하에 둔다.(§87)' '국방상 또는 국민생활상 긴절한 필요로 인하여 법률로써 특히 규정한 경우를 제외하고는 사영기업을 국유 또는 공유로 이전하거나 그 경영을 통제 또는 관리할 수 없다.(§88)' 등으로 개정하였다. 다시 한 번 천천히 읽어보면 그 느낌의 차이를 확인할 수 있을 것이다.

4·19혁명과 기명투표의 기원 – 제2공화국 헌법

1956년 5월 15일 제3대 정·부통령 선거에서 민주당 후보였던 신익희가 갑자기 죽어 이승만이 대통령에 당선되었으나 부통령은 민주당 후보인 장면이 당선되었다. 각각 정당이 다른 대통령과 부통령의 불화가 계속되면서 자유당의 독재가 더욱 심해졌다. 미국과 같이 정·부통령 러닝메이트 제도(정·부통령이 한 팀을 짜고 나와 선거에 출마하는 방식)를 채택하지 않았기 때문이다.

1960년 3월 15일의 선거에서도 민주당 후보인 조병옥이 선거 한 달 전 죽게 되자 대통령에 이승만, 부통령에 이기붕이 당선되었다고 발표하였다. 그러나 사람들은 그 결과를 인정하기 어려웠다. 선거 전날 자유당은 모든 선거함에 이승만과 이기붕이 찍혀 있는 위조 투표지를 무더기로 집어넣었고, 선거 당일에는 한 사람이 투표지를 20장까지 가져가는 등의 선거 조작 행위를 저질렀다. 또 자유당 당원들이 기표소까지 들어가 감시하고, 야당인 민주당 선거 관리인을 투표소에서 쫓아내기도 하였다. 이러한 부정선거에는 자유당 소속 정치깡패들이 동원되었고, 내무부 소속의 공무원들까지 조직적으로 개입했다고 한다.

그러면 자유당 정권은 왜 이렇게 부정선거를 저질렀을까? 위에서 미국식 러닝메이트 제도가 도입되지 않아 대통령과 부통령이 다른 정당 소속이 되었다고 하였는데 이 문제가 해결되지 않은 것이다. 민주당의 정·부통령 후보로 조병옥과 장면이 나왔는데 선거 도중 조병옥이 죽어 이승만의 대통령 당선은 확실했지만, 자유당 부통령 후보인 이기붕과 민주당 후보인 장면의 선거 결과는 장담할 수 없었다. 4선의 이승만이 이미 84세가 넘었을 때이므로 대통령 궐위 시 대통령직을 이어받는 부통령(당시 헌법 §55②)에 다른 당 소속의 후보가 당선되는 것을 극렬히 꺼린 것이다. 자유당은 이미 4년 전의 부통령 선거에서 이기붕 후보가 민주당의 후보 장면에게 패한 경험이 있었다. 또한 제도적으로 중앙선거관리위원회가 별도의 조직으로 존재하지 않고, 선거 관리는 행정부에서 담당하던 시절이었기에 부정선거가 가능했던 것이다.

어쨌든 3·15부정선거는 4·19혁명으로 이어졌고, 자유당 정권은 붕괴되었다. 이승만의 하야에 따라 허정 임시내각이 발족하였고 개헌이 진행되었다. 그런데 여기서 한 가지 문제가 있었는데, 3·15선거가 부정선거이므로 선거를 다시 해야 한다는 주장이었다. 재선거 후 헌법을 개정하고, 신헌법에 따라 선거를 다시 해야 하는 것이 정상이다. 그러나 그럴 경우 몇 달 사이 전국 단위의 선거를 3~4회 치르게 된다. 그래서 자유당이 다수당인 국회에서 헌법개정안을 처리하고 개정된 헌법에 의해 선거를 치르기로 하였다. 그러나 당시 국회법에 따르면 헌법개정안은 무기명 투표로 해야 하는데 사회적 분위기로 볼 때 자유당 의원들은 다시 당선될 가능성이 매우 희박했다. 따라서 자유당 의원들이 개헌을 달가워 할 이유가 없었던 것이다. 우리 역사에는 '머리 좋고 아부 잘 하는' 사람들이 많았는데 이

때도 예외가 아니었다. 그래서 개헌안 표결을 기명 투표 방식으로 먼저 바꾸자는 안이 나왔다. 기명 투표 방식이라면 개인적으로 아무리 싫어도 반대표를 던지기 어려웠다. 선거와 관련해 폭력이 난무하던 시절이었기 때문이다. 같은 해 6월 7일 국회법을 개정해 무기명 투표가 기명 투표로 바뀌었고, 6월 15일 재적 218, 출석 211, 찬성 208, 반대 3으로 통과되었다. 물론 이때의 자유당 의원들이 개헌 이후 7월 29일 실시된 총선에서 다시 대거 당선되어 정계에 진출하였고, 이는 5·16군사정변의 빌미가 되었다.

문제의 궁극적 해결은 역시 국민의 손에 달려 있고, 결국 혁명은 국민의 의식 수준에 달려 있음을 다시 한 번 일깨워 주는 대목이다. 개헌안에 대한 기명 투표 방식은 현재까지 유지되고 있다. 이것이 제3차 개헌이다. 절차상 위헌적인 요소는 없으나 국회법을 개정해 기명 투표방식을 택한 것은 국회의원에게 완전한 투표의 자유를 보장하지 않았다고 할 수 있다. 내용적으로는 대통령의 독재방지를 위한 의원내각제의 개헌이었다. 국회의 양원제, 기본권의 일반적 법률유보, 정당 조항의 신설, 헌법재판소 신설, 중앙선거위원회 신설(헌법 차원 격상), 대법원장·대법관 선거제, 지방자치단체장 주민선거제, 공무원·경찰관의 정치적 중립성 보장 등이 개헌의 내용이다. 일반적으로 이때의 정부 형태를 의원내각제라 하지만, 이를 이원집정부제라고 할 수도 있다. 즉 대통령이 형식적 원수에 불과한 것이 아니라 실질적 권한으로 계엄선포에 대한 거부권(§64②), 정당해산제소에 대한 승인권(§13②), 헌법재판소 심판관 임명권(§83-4②), 국무총리 지명권(§69), 헌법개정안 발의권(§98①) 등을 보유하였다. 실제 당시 윤보선 대통령이 국무총리로 김도현을 지명했다가 국회에서 부결되자 장면을 지명하였다.

법보다 무서운 데모 – 제4차 개헌

우리나라 열 번의 헌법 제·개정에서 유일하게 부칙만 개정한 것이 제4차 개헌이다. 이는 개헌 내용이 매우 지엽적이었음을 짐작하게 해 준다. 3·15부정선거자, 부정축재자 등에 대해 처벌법규가 없어 무거운 처벌을 할 수 없는 것으로 밝혀지자 이들에 대한 처벌을 위한 소급입법의 근거를 마련하라는 시위대의 의사당 점거를 계기로 부칙만의 개헌안이 발의되었다. 그 과정을 살펴보자.

4·19혁명으로 이승만 대통령이 물러나고 허정 내무장관이 내각 수반이 되어 과도정부가 수립되었다. 과도정부는 3·15부정선거 관련자 처벌을 발표하고 관련자들을 구속해 7월 5일부터 혁명재판이 진행되었다. 재판 분야는 ①부정선거관리 사건 ②부정선거 ③부정선거 지령사건 ④부정선거 자금사건 ⑤정치깡패 사건 ⑥발포명령 사건 ⑦장면 부통령 저격사건 ⑧전성천 선거법 위반사건 등이었다. 하지만 전 내무장관 최인규, 전 내무차관 이성우, 전 치안국장 이강학, 전 자유당 선거대책위원장 한희석 등에 대한 혁명재판(부장판사 정영조, 배석 유현석·석은

만, 검사 김병리·오탁근) 과정에서 '반혁명분자들이 위반한 정·부통령 선거법은 대통령직선제가 의원내각제 개헌이 통과된 6월 15일자로 폐지되었으므로 이들 반혁명분자들은 면소 판결되어야 한다.'는 의견이 개진됨으로써 재판은 혼란을 겪게 되었다. 그러다 9월 22일 부정선거 관련자들의 심리가 일단락되고 혁명재판이 민주당 정부로 넘어갔다. 민주당 정부에서는 이 재판을 일괄 처리해 최고 사형에서 최하 3년까지 구형했다. 이에 대해 특별법 제정이 필요하다는 여론이 있었으나 정부와 국회가 법 제정을 1심 판결 이후로 미루던 중, 10월 8일 판결에서 발포책임자인 전 시경국장 유충렬만 사형이 선고되고, 나머지는 증거불충분을 이유로 무죄 또는 가벼운 형을 선고받고 풀려났다. 이에 격분한 4·19혁명 부상학생 50여 명이 국회의사당을 점거하고 "민주당 정부 물러가라."고 외치는 가운데 소급입법 개헌안이 발의되었다. 이 개헌안은 1960년 11월 23일 민의원에서, 11월 28일 참의원에서 각각 통과되었다. 그 후 12월 30일 특별법인 '민주반역자 임시처리법'이 통과되어 1961년 1월 15일 특별재판소와 특별검찰부가 설치되었다. 이에 따라 10·8판결로 석방된 자들을 재검거 하려 하였으나 장경근이 일본으로 도피하는 등 모두 도피해버렸다. 그 와중에 민주당 내 주도권 장악을 위한 신·구 양파간의 치열한 파쟁, 부정축재자로부터의 정치자금 염출, 그리고 각종 사회단체의 연일 지속되는 데모, 이러한 사회적 혼란 속에 5·16군사정변이 일어나 이들에 대한 처리는 군사정부로 넘어가게 되었다.

개헌 내용이 길지 않으니 전문을 한 번 읽어보자. '①이 헌법 시행 당시의 국회는 단기 4293년 3월 15일에 실시된 대통령, 부통령 선거에 관련하여 부정행위를 한 자와 그 부정행위에 항의하는 국민에 대하여 살상 기타의 부정행위를 한 자를 처벌 또는 단기 4293년 4월 26일 이전에 특정 지위에 있음을 이용하여 현저한 반민주행위를 한 자의 공민권을 제한하기 위한 특별법을 제정할 수 있으며 단기 4293년 4월 26일 이전에 지위 또는 권력을 이용하여 부정한 방법으로 재산을 축적한 자에 대한 행정상 또는 형사상의 처리를 하기 위하여 특별법을 제정할 수 있다. ②전항의 형사사건을 처리하기 위하여 특별재판소와 특별검찰부를 둘 수 있다. ③전2항의 규정에 의한 특별법은 이를 제정한 후 다시 개정하지 못한다.'(단기 4293년은 서기 1960년, ①②③의 번호는 필자가 첨부)

이렇게 헌법부칙에 소급입법(遡及立法)의 근거를 마련하였고, 국회에서 부정선거 관련자 처벌법, 반민주행위자 공민권제한법, 부정축재 특별처리법 등과 관련 형사사건의 처리를 위해 특별재판소 및 특별검찰부 조직법이 제정되었다. 소급입법, 즉 사후에 만들어진 법으로 형사처벌하거나 재산권을 박탈하는 것은 원칙적으로 금지됨이 법의 일반 원칙이다. 물론 이익을 주는 경우에는 소급적용할 수 있다. 형법 제1조 제1항은 '범죄의 성립과 처벌은 행위 시의 법률에 의한다.'고 하면서도 제2항에서 '범죄 후 법률의 변경에 의하여 그 행위가 범죄를 구성하지 아니하거나 형이 구법보다 경(輕)한 때에는 신법에 의한다.'라고 규정한 것이 그런 취지다. 시위대의 위력 앞에 국회의원들이 굴복해 소급입법의 근거를 마련한 것이 바람직한 일인지는 의문이다. 대상이 '나쁜 사람들'이므로 법적 원칙에 예외를 인정해 처벌함으로써 일반 국민의 정의감을 만족시킨 측면이 있는 반면, 소급입법의 선례를 남김으로써 이후 다수 소급입법의 빌미가 된 부정적 측면이 존재한다. 우리나라에는 불행히도 소급입법에 의한 처벌이나 권리박탈의 사례가 많다. 반민족행위 처벌법(건국 직후 일제강점기에 반민족행위자 소급처벌), 정치활동 정화법(5·16군사정변 직후), 정치풍토 쇄신을 위한 특별조치법(5공화국), 헌정질서 파괴범죄의 공소시효 등에 관한 특례법과 5·18민주항쟁 등에 관한 특별법(1995.12.19, 헌법재판소는 이를 합헌으로 보았다. 헌재 1996.2.16, 96헌가2등) 같은 사례들이다. 법철학에서는 '구체적 타당성과 일반적 정의의 충돌'이라고 표현하는데 어느 것이 더 중요한지는 가치관에 따라 다르다. 하지만 소급입법은 장기적으로 볼 때 법적 안정성을 해친다.

1962년 헌법 이후의 헌법개정

5·16군사정변과 제3공화국 헌법

헌법은 그 성격상 추상적으로 대강만 규정할 수밖에 없다. 구체적인 내용은 법률과 판례를 통해 나타나는데, 아쉽게도 1961년 5·16군사정변이 일어나 제2공화국의 정치 실험과 개혁은 중단되고 말았다. 1960년 7월 29일 총선거의 실시로 구성된 제2공화국 정부는 1961년 5월 18일 장면 내각의 사퇴로 막을 내렸다. 불과 9개월 남짓 존속한 것이다. 제4차 개헌 과정에서 볼 수 있듯 다양한 사회구성원의 욕구 분출을 통합할 수 있는 사회적 역량이 부족했는지도 모른다. 3·15부정선거를 계기로 군부 내에서 쿠데타를 준비했다고도 알려져 있다. 그런데

4·19혁명 발생으로 기회를 엿보던 군부 내 일부 세력이 사회가 안정을 찾지 못한다고 판단하여 군사정변을 감행한 것이다.

1961년 5월 16일 군사정변으로 권력을 장악한 군부는 군사혁명위원회를 구성했다. 그리고 5월 23일 국가재건최고회의로 이름을 바꾸고, 6월 6일 국가재건비상조치법을 제정·공포했다. 이는 기존의 헌법을 대체하는 것이었고 7차에 걸쳐 개정되면서 헌법의 역할을 하였다. 대법원은 이 법이 헌법과 같은 효력이 있는 기본법이라고 판시한 바 있다(대판 1963.11.7, 63초8). 의원내각제 정부에서 의회가 해산되었으므로 군사정부의 정부형태는 국가재건최고회의에서 3권을 장악한 일종의 회의제였다. 우리나라 헌법 교과서들은 이 시기를 외면하기 일쑤다. 헌정이 중단된 수치스러운 시기였기 때문일 것이다. 그러나 제2공화국이 9개월 남짓 존속한 데 비해 제3공화국 헌법이 효력을 발생한 1963년 12월 17일까지를 추산하면 군사정부는 대략 2년 7개월이나 존속했다.

아무튼 군사정부로 계속 갈 수 없다는 인식 때문에 개헌과 민정이양이 논의되기 시작했다. 1962년 7월 11일 국가재건최고회의 특별위원회로 헌법심의위원회가 발족하였다. 그런데 문제는 의회가 해산된 상태였고, 기존 헌법에 따르면 헌법개정은 국회(민의원·참의원)에서 2/3 이상의 찬성으로 이루어져야 했다. 논의 끝에 국회 의결 없이 헌법을 개정하는 방법으로 국민투표를 도입한 것이다. 같은 해 10월 12일 국민투표법을 제정·공포하였고, 12월 17일 역사상 처음 국민투표로 헌법이 개정되

국민투표 실시일	투표율(%)	찬성률(%)	비고
1962.12.17	85.3	78.8	5·16군사정변 이후 민정이양
1969.10.17	77.1	65.1	박정희 3선 개헌
1972.11.21	91.9	91.5	유신헌법
1980.10.22	95.5	91.6	10·26사건 이후
1987.10.27	78.2	93.1	6·29선언, 여야 합의 개헌

개헌을 위한 역대 국민투표

었다. 이것이 제5차 개헌으로 우리 헌법사 최초의 전면개정이
었다. 이전 헌법상의 절차에 따르지 않았고 내용도 많이 개정되
었다. 따라서 기존 헌법과의 동일성·계속성이 없다고도 할 수
있다. 당시에도 이것이 헌법의 개정이냐 또는 신헌법의 제정이
냐의 논란이 있었다. 그러나 미국으로부터 정부 승인을 받아야
하는 현실을 감안해 '개정'이라 주장하기로 한 것이다.

　이러한 배경에서 도입한 국민투표가 역사적으로 이제는 당
연하게 여겨지고, 이를 부정하는 것은 민주주의 원칙에 크게
어긋나는 것으로 매도되지만 실제 그 이후 우리 개헌 절차에
서 국민투표가 갖는 의미는 그리 크지 않다. 위의 표를 한번
보자. 최근에 와서 찬성률이 90%를 넘지만 정말 90% 이상의
국민이 지지하는지는 의문이다. 역대 가장 큰 저항에 부딪힌
1972년 헌법조차도 90%를 넘는 찬성률을 보였다. 또 국민투
표라는 힘겨운 통과절차 때문에 개헌은 쉽게 시도되기 어렵다.
정치적 이해관계가 별로 없는 기본권 같은 내용들의 개헌이 시
도되기 어려운 이유이기도 하다.

제3공화국 헌법은 부칙에 따라 1963년 12월 17일부터 시행되었다. 대통령 선거는 그 이전인 10월 15일에 있었다. 현행 헌법과 더불어 공포 시부터 효력을 발생하지 않고 다른 때부터 시행된 사례다. 여기에는 두 번 다 이유가 있다. 개헌이 되고 나서도 박정희가 권력을 이양할 생각이 없었고, 대통령 선거에서 당선될 자신감이 없던 것이 그 이유라고 추측된다. 그래서 차일피일 민정이양을 미룬 것이다. 당시 사정을 살펴보자. 박정희는 국가재건최고회의 의장이었고, 5·16군사정변을 '혁명'이라고 부르던 때다. 당시 헌법 역할을 하던 국가재건비상조치법은 국가재건최고회의의 유효기간을 '5·16군사혁명 과업완수 후에 실시될 총선거에 의하여 국회가 구성되고 정부가 수립될 때까지'로 규정함으로써 아무 규범적 기준을 제시하지 않고 오로지 실권자인 박정희의 의중에 따르게 하였다. 실제로 박정희는 1961년 8월 2일 성명을 통해 정권이양 시기를 1963년 여름으로 밝혔으며 1962년 7월 11일 특별위원회로 헌법심의위원회를 발족시켜 개헌작업을 진행했다. 우여곡절 끝에 1962년 12월 26일 개헌안이 공포됐으나 박정희는 1963년 3월 16일 성명을 발표해 '군정 4년 연장'을 발표하는 동시에 개정된 헌법의 시행을 연기하는 개헌안을 공고하였다. 그러나 4월 8일, 채 한 달도 되지 않아 이를 철회했다. 이 개헌안의 제안 이유에 '……우리는 일체 민정에 참여하지 않고 전적으로 정치인들에게 이 정권을 이양할 것이다.'는 내용이 있다. 이는 민정이양 시 권력을 내놓게 되리라는 전제 하에 군정연장을 추진했다가 대통령 선거에서 당선될 수 있다는 자신감이 생겼다는 사실을 추측케 한다. 결국 1963년 10월 15일 실시된 대통령 선거에서 박정희가 윤보선을 15만여 표 차이로 이겨 당선되었다. 현행 헌법은 전혀 다른 예다. 여야 합의로 통과된 개헌이므로 평화적으로 정권이 이양되어야 했고, 당시 대통령이었던 전두환의 임기를 보장해주기 위해 효력 발생을 1988년 2월 25일로 한 것이다.

제3공화국 헌법의 내용은 권력분립에 의한 대통령제, 국회 단원제, 정당국가를 지향해 무소속 출마금지와 당적이탈 시 의원직을 상실, 대법원의 위헌법률심사권, 헌법개정에 있어서 필수적 국민투표제 실시 등이다. 기본권 분야는 인간의 존엄과 가치 조항이 삽입된 반면 국가안전보장을 이유로 다소 약화되었다는 평이다. 권력구조의 경우 역대 헌법 중 비교적 미국식 대통령제에 가까우며 현행 헌법과 유사하다.

박정희의 3선 개헌

이승만 대통령도 그랬지만 박정희 대통령도 평화적인 정권교체를 통해 민주주의 시스템을 정착시키기에는 스스로 너무 큰 역할을 자임하고 있었다 생각된다. 우리는 박정희 대통령을 역대 대통령 중 최장기 집권한 대통령으로 기억하고 있다. 사실 5·16군사정변으로 권력을 장악한 때부터 시해된 1979년 10월 26일까지 계산하면 집권기간이 18년이나 된다(대통령이 된 시점부터 따지면 16년). 헌법개정의 차원에서 보면 1960년 헌법과

1969년 헌법을 중지시켰고, 1962년 헌법과 1969년 헌법 그리고 1972년 헌법을 성립시켰다. 또 제2, 제3공화국을 무너뜨리고 제3, 제4공화국을 세웠다. 평가는 엇갈릴 수 있지만 우리 현대사에 대단한 족적을 남긴 것만은 사실이다. 다만 스스로 '한국적 민주주의의 토착화'를 외쳤지만 우리나라 민주주의의 발전 측면에서는 회의적이다. 민주주의는 그가 생각하는 그런 것이 아니다. 1인의 독주로써가 아니라 혼란스러워 보여도 그 안에서 공동의 가치를 확립하고 찾아감으로써 공동체의 통합을 이루어내는 것이 민주주의다.

박정희의 3선 개헌에 대해 알아보자. 1967년 5월 3일 제6대 대통령 선거에서 박정희가 재선되고, 6월 8일 제7대 국회의원 선거에서 민주공화당이 개헌선인 2/3가 넘는 의석을 확보하자 (전체 176, 공화 130, 신민 44 등) 3선 개헌의 필요성을 주장하는 사람들이 등장했다. 박정희의 3선 개헌 계획은 후계자로 유력시되던 김종필과 그를 지지하는 세력에 의해 집권 민주공화당 내에서부터 반대에 부딪혔으나, 박정희는 1968년 '국민복지회 사건'으로 민주공화당 내 김종필 지지 세력을 제거했다. 국민복지회 사건이란 민주공화당 의원들이 중심이 되어 당 의장이었던 김종필을 1971년의 선거에 민주공화당의 대통령 후보로 출마시키려다 박정희 대통령에 의해 발각된 사건을 말한다. 김용태가 회장인 국민복지회는 친선단체로 가장해 정치·금융·경제·언론계 등의 엘리트들을 총망라해 구성되었다. 송상남이 작성한 것으로 알려진 다음의 '시국판단서'는 국민복지회의 성격을 잘 보여준다.

우리 국민복지회는 여당 내 야당이다. 1967년의 선거부정
과 부정부패는 모두 박정희 대통령이 책임져야 한다. 현재의 정
세 판단으로 보아 박정희 대통령의 3선을 위한 개헌공작은 필
연적으로 대두될 것이며 우리는 이를 저지하기 위해 저지세력
을 확보해야 할 결정적인 국면에 처해 있다. 박정희 대통령이
더 이상 정치 야심을 갖지 못하도록 우리는 모든 노력을 경주
해야 한다. 1971년 선거에 있어 우리의 대안은 오직 김종필 당
의장이다. 우리는 그의 이미지 부각을 위해 모든 노력을 다해
야 하며 1971년을 '김종필의 해'로 만들어야 한다. 동시에 김
종필 당 의장은 이 공동목표를 위해 정치적으로 책임져야 할
모든 사항을 일체 회피하고 이미지 관리에 신중해야 할 것이라
고 우리는 판단한다.

국민복지회의 전모가 밝혀지자 김종필은 자신은 모르는 일
이라고 하면서 1968년 5월 25일 '서클'을 조직해 해당(害黨)행
위를 했다는 이유로 김용태와 최영두를 공화당에서 제명시켰
다. 또 5월 30일 김종필이 성명을 발표, 당 의장을 비롯한 모든
공직을 사퇴함으로써 국민복지회 사건은 일단락되었다.

1969년 8월 7일에는 공화당 의원 122명이 박정희의 3선을
가능하게 하는 개헌안을 발의하였다. 논란 끝에 9월 14일 제3
별관에서 기습 처리되어 10월 17일 국민투표로 확정되었다. 이

것이 제6차 개헌이다. 앞의 표에서 확인할 수 있듯 제6차 개헌의 경우 국민투표에서 65.1%라는 역대 최저의 찬성률을 보였다. 여당 내의 갈등이 반영된 결과라 할 수 있다. 개헌 내용은 큰 변화 없이 '대통령의 계속 재임은 3기에 한(限)한다(§69③).'는 것이 가장 중요한 내용이었다. 그밖에 대통령의 탄핵소추 요건을 강화해 의결정족수를 국회의원 50인 이상의 발의와 재적 2/3 이상의 찬성을 요하도록 하였다. 또 국회의원 상한수를 150 내지 200인에서 150 내지 250인으로 조정하였으며 국무위원과 국회의원의 겸직을 허용하였다.

10월 유신과 유신헌법 – 제4공화국 헌법

제6차 개헌 이후 1971년 4월 27일 실시된 제7대 대통령 선거에서 박정희가 세 번째로 대통령에 당선되었으나 야당 후보인 김대중보다 95만 표를 더 얻는 데 그쳤다. 여당 지지도가 떨어지자 박정희는 1971년 12월 6일 비상사태를 선포했는데 국가안보를 저해하는 모든 행위를 용납하지 않으며 무책임한 안보 논쟁을 삼갈 것, 최악의 경우 기본권의 일부도 유보할 결의를 하여야 한다는 내용이었다. 그러나 이러한 비상사태 선포의 법적 근거가 없었으므로 12월 27일 법적 근거를 마련하고자 여당이었던 민주공화당이 야당의 반대를 무릅쓰고 국가보위에 관한 특별조치법을 변칙·통과시켰다. 이 법률은 1981년 12월 공식 폐지되었고, 후에 헌법재판소는 이 법률이 위헌이라고 결정하였다(헌재 1994.6.30, 92헌가18). 제정 이듬해인 1972년의 유신헌법은 대통령에게 영도자적 지위를 부여했다는 점에서 이 법률에 대한 헌법적인 뒷받침이라 할 수 있다. 통상 헌법의 내용을 구체화하는 것이 법률이고, 그 법률을 구체화하는 것이 대통령령인데 이 경우는 그 흐름이 거꾸로 되어 있어 법치국가 체계에 역행하는 것이었다.

아무튼 1972년 7·4남북공동성명이 있었으며 평화통일과 급변하는 국제정세에 대처한다는 명목으로 1972년 10월 17일 또 다시 비상조치가 있었고, 국회를 해산한 상태에서 개헌이 추진되어 10월 26일 비상국무회의를 거쳐 11월 21일 국민투표가 실시, 12월 27일 공포되었다. 이것이 제7차 개헌, 이른바 유신헌법이다. 사실 이는 이전 헌법에 국회해산권이 없었기 때문에 절차상 위헌이었다. 또 10월 17일의 비상조치(이른바 10월 유신) 이후 며칠 만에 개헌안이 나와 통과되었는데, 국민의 의사와 상관없이 비밀리에 추진되었다는 점에서 민주적 정당성이 결여되었다고 할 수 있다.

그밖의 내용을 보자. 첫째, 긴급조치권과 국회해산권을 갖는 등 대통령의 권한이 강화되었고 대통령은 통일주체국민회의에서 선출, 임기는 6년이며 연임제한 규정이 없었다. 여기서 대통령의 추천으로 국회의원 1/3을 선출하는데 이는 임명제와 다름없었다. 둘째, 기본권의 본질적 내용 침해금지 조항이 삭제되는 등 기본권이 약화되었다. 셋째, 헌법위원회의 설치와 모든 법관에 대한 대통령의 임명권으로 사법권이 약화되었다. 넷째, 개헌절차가 이원화 되어 대통령이 발의한 것은 국민투표로, 국회가 발의한 것은 통일주체국민회의에서 확정하였다.

헌법적 차원에서 1972년 헌법은 가장 비민주적인 헌법으로 평가되는데 그중 대표적인 항목이 바로 긴급조치권이다. 당시 헌법 제53조 제1항은 '대통령은 천재지변 또는 중대한 재정·경제상의 위기에 처하거나 국가의 안전보장 또는 공공의 안녕질서가 중대한 위협을 받거나 받을 우려가 있어 신속한 조치를 할 필요가 있다고 판단할 때에는 내정·외교·국방·경제·재정·사법 등 국정전반에 걸쳐 필요한 긴급조치를 할 수 있다.'고 규정하였다. 즉 우려가 있다고 판단할 때 대통령이 '예방적으로' 발할 수 있는 것이었다. 내용적으로도 국민의 기본권을 잠정적으로 정지시킬 수 있고, 정부나 법원의 권한에 대한 긴급조치를 할 수 있었으며 이러한 조치는 사법적 심사의 대상이 되지 않았다(§53②④). 긴급조치는 전적으로 대통령의 판단에 맡겨져 있으며 국회에 사후 통고만 하면 되고, 국회는 해제를 건의만 할 수 있을 뿐이었다(§53③⑥). 실제로 긴급조치는 제1호(1974.1.8)부터 제9호(1975.5.13)까지 발해졌다. 긴급조치 제1호의 대표적인 내용을 보자.

①대한민국 헌법을 부정, 반대, 왜곡 또는 비방하는 일체의 행위를 금한다. ②대한민국 헌법의 개정 또는 폐지를 주장, 발의, 청원하는 일체의 행위를 금한다. ③유언비어를 날조, 유포하는 일체의 행위를 금한다. ④전 1, 2, 3호에서 금한 행위를

권유, 선동, 선전하거나 방송, 보도, 출판, 기타 방법으로 타인에게 알리는 일체의 언동을 금한다. ⑤이 조치를 위반한 자와 비방한 자는 법관의 영장 없이 체포, 구속, 압수, 수색하며 15년 이하 징역에 처한다. 이 경우 15년 이하의 자격정지를 병과할 수 있다. ⑥이 조치를 위반한 자와 비방한 자는 비상군법회의에서 심판, 처단한다. ⑦이 조치는 1974년 1월 8일 17시부터 시행한다.

이렇게 개헌논의를 금지하였는데, 이는 헌법을 무력화하는 내용이었다. 따라서 긴급조치는 법률적인 효력을 뛰어넘는 것이었다. 또 언론의 자유를 극단적으로 제한하고, 신체 자유의 대표적 제도인 영장주의를 부인하며 전쟁 상황이 아닌데도 법원에 의해 재판 받을 권리를 박탈하였다. 헌법이 이런 식으로 왜곡될 것이라는 사실을 미리 알았다면 91.5%의 국민이 1972년 헌법에 찬성했을까? 언론의 자유가 극도로 위축된 상황이라 일반 국민들은 잘 알지 못했지만 지식인층을 중심으로 유신반대운동과 끊임없는 항거가 일어난 것은 역사의 필연이라 하겠다.

5·18민주항쟁과 제5공화국 헌법

유신헌법과 유신체제에 대한 반발이 거세지자 1975년 2월 12일 유신헌법과 박정희에 대한 신임을 묻는 국민투표가 실시되었다. 앞서 살펴본 3선 개헌의 경우에도 박정희에 대한 신임을 연계한 사례가 있었다. 이는 또 나폴레옹과 나폴레옹 3세를 비롯한 프랑스의 권위주의적 지도자들이 선호한 국민투표를 연상케 한다. 어쨌든 이 신임투표에서 79.8%의 투표와 73.1%의 찬성을 얻었음에도 개헌 요구가 끊이지 않고 계속되었다. 마침내 1979년 10월 부마사태(釜馬事態)에 이어 10·26사건으로 박정희가 죽으면서 유신시대는 막을 내린다. 박정희를 시해한 김재규는 "유신체제를 종식시키기 위해 유신의 심장부를 향해 총을 쏜 것은 국가를 구하기 위한 불가피한 최선의 선택이었다."고 항변하였는데, 이는 민주주의 시스템이 구축되지 못했던 그 시대의 단면을 여실히 보여준다.

이후 최규하가 대통령권한 대행을 거쳐 1979년 12월 6일 대통령에 당선되고 개헌이 논의되었다. 그러나 1979년 12·12사태와 1980년 5·18민주항쟁을 거쳐 신군부의 등장으로 1980년 5월 31일 국가보위비상대책위원회가 설치되고, 8월 16일 최규하 대통령의 사임으로 8월 27일 제11대 대통령으로 전두환이 선출되었다. 그리고 개헌작업이 진행되어 1980년 9월 29일 정부의 개헌안이 공고, 10월 22일 국민투표를 거쳐 10월 27일 공포되었다. 이것이 제8차 개헌, 제5공화국 헌법이다. 이는 1980년의 비상적 상황 하에서 국민의 의사와 상관없이 만들어진 것으로 민주적 정당성을 결여하고 있다.

역대 대통령의 행태를 보면 자라고 교육받은 환경이 평생을 지배한다는 말을 실감할 수 있다. 조선시대에 자란 이승만은 세상 물정 잘 모르고 자기중심적으로 사고하는 모습이 꼭 조선시대 임금을 닮았다. 이런 일화가 있다. 이승만이 민정시찰을 한다고 당시 동화백화점(지금의 신세계백화점)에 들렀을 때 경무대(지금의 청와대)에서 나온 비서들이 미리 매점 직원들을 철저히 교육시켜 놓았다. 이승만이 신사용 모자를 집어 들고 직원에게 가격을 묻자 직원은 시킨 대로 "20환입니다."라고 대답했다. 그런데 당시 버스 요금이 10환이었다. 이 말을 들은 이승만은 "물가가 싸서 국민들이 살기 좋겠군!"이라고 했다나!

또 다른 일화 하나 더. 어느 해에는 흉년으로 쌀이 매우 부족했다. 이때 이승만 대통령이 "우리나라 국민들은 밥만 먹으려 해서 탈이야! 고기도 먹고 생선도 먹고 과일도 먹고 해야 할 텐데……"라고 했다고 한다. 이 일화들이 사실인지는 알 수 없으나 이승만에 대한 일반인의 인식을 엿볼 수 있게 해 준다.

일제강점기에 자란 박정희는 일제의 통치스타일을 닮았다. 알려진 대로 10월 유신은 일본의 메이지유신을 본뜬 것이다. 융통성 없는 철저한 자기소신이 그대로 드러나는 통치스타일이다. 그런데 박정희 통치 시절, 군에서 실력을 키운 전두환은 박정희 시대를 그대로 닮았다. 12·12 군부 내 쿠데타는 5·16군사정변을 연상케 하고, 국가보위입법회의는 국가재건최고회의를, 계엄령을 통한 질서유지는 유신반대투쟁에 대한 박정희의 대응방식을 연상케 한다. 육군 소장으로서 쿠데타를 통해 정치에 나선 것은 다 알려진 공통점인데, 시대적으로 1980년 '서울의 봄'과 1960년의 민주화 과정을 모두 혼란으로 규정하고 무력으로 질서유지를 꾀했다는 점도 닮았다.

그런데 더 결정적인 것은 1972년 헌법과 1980년 헌법의 유사성이다. 우선 대통령 선출방식을 보면 1972년 헌법은 통일주체국민회의에서 선출되고 6년 임기에 연임제한은 없었다(1972년 헌법 §39①, §47). 1980년 헌법은 대통령선거인단에 의해 선출해 마찬가지로 대통령 간선제를 채택하였다. 대통령의 임기는 6년에서 7년 단임으로 변했다(1980년 헌법 §45). 박정희의 장기집권에 대한 반발로 이루어진 시대상황을 외면할 수 없었기 때문이었다. 한편 통일주체국민회의는 상설기관으로 통일정책도 심의하였다(1972년 헌법 §38①). 1980년 헌법상의 대통령선거인단은 자동적으로 평화통일정책자문회의의 위원으로 위촉되었다(평화통일정책자문회의법 §10 ⅰ). 1972년 헌법상의 긴급조치권은 비상조치권으로 바뀌었는데 지체 없이 국회의 승인을 얻어야 하며 사후에 해제를 요구하면 해제해야 하는 것으로 약화되었다(1980년 헌법 §51③⑤). 통일주체국민회의에서 대통령이 일괄 추천해 뽑던 전체의 1/3, 임기 3년의 국회의원(1972년 헌법 §40, 교섭단체명 유신정우회)은 전체의 1/3인 전국구의원(비례대표)으로 바뀌었다(1980년 헌법 §77③). 헌법편재 상 국회가 대통령과 정부 뒤에 위치한다는 점도 닮았다. 현행 헌법을 비롯한 역대 헌법은 국가조직에서 국회가 맨 앞에 나온다. 조문의 위치가 효력을 좌우하지는 않지만 상징적인 의미가 있다고 생각된다. 사실 이러한 예는 많다. 전체적으로 1980년 헌법은 1972년 헌법을 조금 완화한 것으로 보면 된다.

또 구속적부심사제가 부활되었고 재외국민의 보호, 행복추구권, 연좌제 금지, 사생활의 비밀과 자유, 언론의 사회적 책임, 형사피고인의 무죄추정, 환경권, 소비자의 보호, 중소기업의 보호·육성, 국가표준제도 등이 신설되었다. 그런데 1980년 헌법 부칙 제6조 제3항은 '국가보위입법회의가 제정한 법률과 이에 따라 행하여진 재판 및 예산 기타 처분 등은 그 효력을 지속하며, 이 헌법 기타의 이유로 제소하거나 이의를 할 수 없다.'고 하였다. 사후에 국가보위입법회의를 정당화한 조문이다. 짧은 기간 수많은 법을 개정하였는데, 1980년대 민주화운동을 주도하던 사람들이 악법이라고 지목한 대부분의 법이 이때 개정된 것이다. 물론 이 점도 5·16군사정변 이후 설치되어 수많은 법을 개정한 국가재건최고회의를 닮았다. 대통령이 되기 전 전두환의 직함은 국가보위입법회의 상임위원장이었다.

6월 민주항쟁과 현행 헌법

민주적 정당성에 의문을 제기하면서 전두환 정부에 대한 저항이 계속되었고, 대통령직선제로의 개헌요구는 1987년 6월 민주항쟁으로 이어졌다. 그 과정을 살펴보자. 1985년 2월 12일 국회의원 총선거에서 대통령직선제를 공약으로 내건 야당이 득표율에 있어 여당을 상회하였다(민정당 35.25%, 신민·민한·국민 58.1%). 야당과 시민단체들의 대통령직선제 개헌 요구는 끊이지 않았다. 또 1987년 4월 13일 전두환 대통령이 "88올림픽을 준비하는 막중한 때이므로 개헌논의를 중단하자."는 내용의 담화문을 발표(4·13호헌조치)했는데, 이는 오히려 민주화운동에 기름을 붓는 격이 되었다. 그해 1월 14일 서울대 언어학과 학생인 박종철이 치안본부 남영동 대공분실에서 경찰의 물고문으로 사망한 사건이 있었는데, 당시 고문으로 사망했다는 사실을 은폐하기 위해 "책상을 탁 치니 억 하고 쓰러졌다."라고 사망원인을 발표했다. 그러나 그에 대한 범국민 추도식이 이어지던 차에 4·13호헌조치가 나오자 4월 14일 김수환 추기경을 비롯한 각계 인사가 이를 비판하는 시국선언을 하였고, 5월 23일에는 '박종철 고문살인 은폐조작규탄 범국민대회 준비위원회'가 결성되어 6월 10일에 규탄대회를 갖기로 했다. 6월 10일은 원래 1926년 일제 치하에서 순종 장례식을 기화로 일어난 6·10만세운동의 기념일이다. 또 이날은 당시 여당이었던 민주정의당(민정당)이 간접 선거로 치를 예정이던 대통령 선거의 후보로 노태우를 지명한 날이었다. 마침내 6월 10일 시작된 전국 시위는 6월 26일 전국 37개 도시에서 국민평화대행진 시위로 전개됐고 3,467명이 경찰에 연행되면서 정점에 이르렀다. 결국 민정당의 차기 대통령 후보로 지명된 노태우는 6월 29일, 이른바 6·29선언을 통해 대통령직선제 개헌을 받아들이기로 했다. 나중에 알려진 바에 의하면 당시의 6·29선언은 원래 전두환 대통령의 생각이었으나 차기 대통령 선거에 나갈 노태우를 내세웠다고 한다.

이어 곧바로 개헌이 추진되었다. 국회에서 여야 합의로 개헌안을 마련해 9월 18일 발의하였다. 그리고 10월 12일 국회의 결을 거쳐 10월 27일 국민투표로 확정(투표율 78.2%, 찬성 93.1%), 10월 29일 공포되었다. 실제 선거에서는 야권 단일화에 실패한 야당이 정권 교체에 실패하고, 노태우 후보가 역대 최저 득표율(36.6%)로 당선되었다(김영삼 28.0%, 김대중 27.1%, 김종필 8.1%). 결선투표 제도가 없는 것이 결정적인 요인이었는데 여당의 의도대로 이는 헌법에 규정되었고 현실화되었다. 물론 헌법 외적인 요인도 많았으나 생략하기로 한다.

　6월 민주항쟁은 서구의 시민혁명을 연상케 한다. 물론 4·19 혁명도 시민혁명으로 불리지만 기존의 주도세력을 대체할 새로운 정치세력이 형성되지 못했기 때문에 미완으로 끝났다. 하지만 6월 민주항쟁은 군부 출신을 중심으로 기득권 세력을 대체할 민주세력이 형성되어 있었으므로 성공한 시민혁명이라 할 수 있다. 개헌의 차원에서도 의미가 매우 크다. 정상적이고 평화적인 상황 하에서 최초로 여야 합의의 국회발의로 개헌된 헌법이다. 국회에서 발의된 개헌안이 몇 번 있었지만 정상적인 상황이 아니었다. 우선 제헌헌법의 경우, 대통령(정부)이 없으니 당연히 국회안이었다. 그리고 1960년 헌법의 경우, 당시 이승만 대통령이 하야하고 임시내각이 구성된 상태이므로 대통령이 발의할 상황이 아니었다. 부칙만 개정한 4차 개헌의 경우, 격렬한 시위의 결과이기도 하지만 의원내각제(이원정부제)였으므로 의회발의가 당연해 보인다. 그 이후에는 현행 헌법이 유일한 국회발의 개헌이었다.

다만 전두환 대통령의 임기를 보장해 평화적으로 정권이 이양되는 의미에서 1988년 2월 25일을 기점으로 해 역순으로 일정을 짜다 보니 충분한 논의를 거칠 여유가 없었다는 것이 약점이다. 정부 이양에 통상 2개월이 걸리므로 12월까지는 대통령 선거가 이루어져야 하며, 대통령 선거운동이 한 달 가량 소요되므로 11월에는 선거가 공고되어야 하고, 그 준비 작업을 위해 10월 말에는 헌법이 공포되어야 했다. 또 20일 이상 공고하고, 공고한 때로부터 60일 이내에 국민투표를 해야 하는 일정상 9월에는 개헌안이 마련되어야 했다. 그러나 6월 29일 이후 시작된 개헌논의는 7월과 8월에 위원회를 구성하고 논의하는 등 바쁜 일정을 소화해야만 했다. 사실 여야 합의라는 것이 정치적으로 얼마나 어려운 일인지는 사사건건 대립하는 작금의 국회를 보면 잘 알 수 있다. 따라서 어정쩡하게 미봉책으로 합의해 놓은 규정들이 지금도 많이 남아 있다.

예를 하나 들어보자. 1980년 헌법은 선거연령을 20세로 하고 있었다(1980년 헌법 §23). 그런데 젊은 사람들은 야당을 지지하고 나이든 사람들은 여당을 지지하는 경향이 크다는 인식 때문에 당시 야당들은 선거연령의 인하를, 여당은 20세 고수를 주장했다. 결국 타협이 되지 않으니 헌법에서 아예 선거연령을 빼버리고 법률로 정하도록 했다(현행 헌법 §24). 사실 이런 사례는 수없이 많다. (자세한 내용은 〈오호택, 살림지식총서403 『우리 헌법 이야기』, 2012〉를 참조하기 바란다.)

언젠가 개헌이 된다면

남북통일이 된다면 또 모를까

앞에서 살펴본 것처럼 우리나라 열 번의 헌법개정은 정말 엄청난 정치적 파동 속에서 진행되었다. 그나마 평화적으로 개정된 것이 현행 헌법인데, 지금 생각해 보면 이조차도 심각한 정치적 위기 속에서 개헌된 것이다. 1987년은 '단군 이래 최대 국가적 대사'인 88올림픽을 준비하던 해로 대한민국이 국제무대 데뷔를 앞둔 때였다. 따라서 국제적 관심이 집중되던 때였고, 6월 민주항쟁이 평화적으로 결실을 볼 수 있었을 것이다. 하지만 지금은 어떤가? 예측해 볼 수 있는 그 이상의 비상상황은 갑자기 찾아올 지도 모를 남북통일뿐이다. 동서독의 사례를 보면 통일을 위해 헌법에 관련조문을 마련하는 일이 필요하다. 또 통일 후 사용할 헌법에 대한 논의와 초안을 마련할 필요가 있다.

현행 헌법을 살펴보자. 앞에서 본 것처럼 제3조는 '대한민국의 영토는 한반도와 그 부속도서로 한다.'라고 규정하여 북한도 우리나라의 영토로 규정하고 있다. 또 제4조는 '대한민국은 통일을 지향하며 자유민주적 기본질서에 입각한 평화적 통일 정책을 수립하고 이를 추진한다.'고 하였다. 해석에 따라 '북한의 체제를 인정하지 않겠다'는 의지의 표현으로도 읽힌다. 이런 식이라면 통일을 대비한 헌법으로는 부족하다. 1949년 서독의 기본법이 통일될 때까지만 잠정적으로 효력을 가진다고 하는 한편, 독일연방(서독)에 다른 지방(支邦)이 가입할 수 있다고 하여 통일에 대비한 독일의 경우를 참고해야 한다.

어쨌든 통일과 같은 획기적 사건이 있기 전에는 우리나라 국회에서 2/3 이상의 합의로 개헌안이 통과되기가 쉽지 않아 보인다. 사소한 문제를 가지고도 극한적으로 대립하는 여야를 생각할 때, 더구나 정치권의 개헌논의가 십중팔구 권력구조 문제에 집중되는 한 더욱 그렇다. 대통령 4년 연임제가 되든 이원집정부제가 되든, 혹은 순수한 의원내각제가 되든 차기에 권력을 잡고자 하는 사람에게 불리한 점은 늘 존재하기 마련이다. 그 중에서 다음 권력에 가장 가까이 접근해 있다고 생각하는 사람은 개헌을 반대할 것이 뻔하다. 근본적으로 말하면 어떤 권력구조든 장단점이 존재하므로 헌법적 제도만 가지고 좋은 결과가 나올 수 없다는 것이다. 결국 그 제도를 운영하는 국민들이나 정치인들의 의식 수준이 그 결과를 좌지우지하는 것이다.

현재 상황이라면 개헌의 가능성은 요원하지만 그렇다고 전혀 불가능한 것은 아니다. 평상시에 가능한 개헌의 방법을 생각해 보자. 정치적 이해관계에 얽혀 합의에 실패하는 일을 줄이자면 우선 그 이해관계부터 멀리해야 한다. 정치권에서 제시하는 방안으로는 '원포인트' 개헌이 있다. 즉 합의 가능한 것만 개정하는 단순 개헌이다. 예컨대 단순히 대통령 임기를 5년 단임에서 4년 연임으로 개정하는 것이다. 그러나 이보다는 개헌을 한 후 차기 대통령에서부터 권력구조를 적용하는 방법이 성공률이 높다고 생각된다.

마찬가지 방법으로 개헌내용과 시기 및 추진방법을 구체적으로 정해 대통령 선거에서 여야 각각 공약으로 채택한 후 당선된 측에서 제시한 공약대로 개헌을 추진하는 방안도 생각해 볼 수 있다. 그러나 어느 쪽이 되더라도 정치인들의 합의는 쉽지 않다. 정치인들의 합의를 이끌어낼 국민들의 개헌 요구가 선행되어야 한다. 또 그만큼 국민들에게 개헌의 필요성이 절실해야 한다. 권력구조는 장단점이 있으므로 어떤 것도 최선의 안이 될 수 없다고 가정한다면 그밖에 어떤 내용들이 개정되어야 할까?

다음 개헌에서 고려해야 할 것들

권력구조, 좀 더 정확히 말해 집권절차를 제외하고 우리 헌법상 개정해야 할 점들을 생각해 보자. 물론 학자에 따라 생각하기에 따라 얼마든지 다른 의견이 있을 수 있다. 우선 위에서 말한 대로 남북통일을 염두에 둔 규정이 필요하다. 통일의 방식과 통일 후의 헌법체제에 대한 규정이 있어야 한다.

다음으로 기본권 분야에서는 첫째, 기본권의 주체를 그냥 '모든 국민'으로 일률적으로 규정할 것이 아니라 기본권의 성격에 따라 '모든 국민' 또는 '모든 인간'을 구분해서 쓰고, 조문에서 외국인 또는 법인의 경우도 주체가 될 수 있는지 밝혀주면 좋겠다. 특히 외국인의 참정권에 대해 명확히 해 주는 것이 좋겠다. 헌법에는 아무 언급이 없지만 법률 차원의 규정으로 지방자치선거에서는 외국인도 일정 부분 선거권이 인정되고 있는데 이에 대한 근거가 있어야 한다.

둘째, 사회권의 경우 법적 구속력이 약하게 규정되어 있다. 예컨대 헌법 제34조 제3항은 '국가는 여자의 복지와 권익의 향상을 위하여 노력하여야 한다.'고 규정하였다. 사회권은 대부분 이런 식이다. 그래서 어쩌자는 말인가? 노력했지만 별 성과가 없다면 그만 아닌가? 만약 개헌이 된다면 이를 확실하게 국가의 의무로 규정해 보장이 이루어지지 않을 경우, 국가에 배상을 청구할 수 있어야 한다. 물론 경제상황과 재정상태를 고려해 충분히 보장해 줄만한 범위에서 규정해야 한다.

셋째, 불필요한 조문들은 정리해야 한다. 예컨대 신체의 자유와 관련해 우리 헌법은 제12조와 제13조에서 도합 10개의 항을 두어 아주 자세하게 규정했다. 헌법이 이렇게 자세히 규정한다고 해서 기본권이 더 잘 보장되는 것은 아니다. 자세한 규정은 형법과 형사소송법으로 넘겨야 한다. 실제로 형법과 형사소송법에 같은 내용들이 규정되어 있다.

넷째, 꼭 필요한데 규정이 없거나 새로 형성된 기본권들을 반영해야 한다. 예컨대 현재 생명권에 관한 규정은 없는데 이는 사실 가장 중요한 기본권이므로 헌법에 규정해야 하며, 일조권이나 조망권 등의 새로 만들어진 기본권도 헌법에서 규정해야 마땅하다. 덧붙여 다문화 시대에 걸맞은 국가적 지원도 헌법에 근거를 마련해야 한다.

국가조직 분야도 한 번 살펴보자. 헌법재판소와 지방자치는 각각 3개와 2개의 조문만 있다. 현행 헌법 개정 시 시행되고 있지 않았기 때문이다. 하지만 지금은 이 둘 모두 상당한 정도로 활성화되어 있으므로 이를 반영해야 한다. 첫째, 헌법재판소의 경우 재판관의 임명방식, 명령·규칙과 처분에 대한 관할권을 명확하게 해주면 좋겠다. 사실 이론적으로 헌법심(憲法審)과 법률심(法律審)은 전혀 다른 것이지만 대법원과 헌법재판소는 이를 상하관계로 보고 충돌하고 있으므로 헌법 차원의 정리가 필요하다. 둘째, 지방자치는 이른바 '제왕적 대통령제'의 유일한 대안이라 생각한다. 대통령 중심제를 하는 동안 대통령의 권한을 수평적으로 분산해 줄만한 기관은 없다. 국회도 사법부도 답이 될 수 없다. 기능상 불가능하다. 유일한 대안은 지방자치를 강화해 상당 부분 지방분권을 이루는 것이다.

한편 민주의의나 법치국가, 사회국가 등 헌법상의 원리를 명시하면 좋겠다. 아무도 우리나라는 법치국가가 아니라고 얘기하지는 않지만 이러한 내용이 헌법에조차 나오지 않는다. 환경권도 다듬어 규정하면 좋겠다. 헌법개정 절차도 다시 논의해 보아야 한다. 국회의 구성이나 선거방식 정도는 헌법에서 좀 더 자세한 규정을 하는 것이 필요하다. 사실 희망사항은 너무 많지만 이 정도로만 정리하자.

다음 개헌에 반영되었으면 하는 점들을 몇 가지 적어 보았다. 그러나 이는 일치된 견해가 아니며 일부에서는 반대할 수도 있는 내용이다. 중요한 것은 개헌해야 할 내용들에 대한 광범위하고 지속적인 논의가 있어야 한다는 점이다. 그리고 어떤 논의이건 개방되어야 하며 국민적 공감대를 만들어 가야 한다. 국민들 사이에서 광범위한 개헌의 필요성이 제기되고 이를 정치인들이 외면할 수 없는 상황이 되면 반드시 개헌은 이루어질 것이라 생각한다. 그리고 그 개헌은 인간의 존엄성이 더욱 확고해지고, 국민이 주인이 되는 방향으로 이루어질 것임을 믿어 의심치 않는다.

개헌 이야기

펴낸날	**초판 1쇄** **2012년 11월 7일**

지은이	**오호택**
펴낸이	**심만수**
펴낸곳	**(주)살림출판사**
출판등록	**1989년 11월 1일 제9-210호**

경기도 파주시 문발동 522-1
전화 **031)955-1350**   팩스 **031)955-1355**
기획·편집 **031)955-4662**
http://www.sallimbooks.com
book@sallimbooks.com

ISBN   978-89-522-2078-3   04080

※ 값은 뒤표지에 있습니다.
※ 잘못 만들어진 책은 구입하신 서점에서 바꾸어 드립니다.

책임편집 **최진**